# Autodeterminazioa ala autodeterminazio-eskubidea?

Karlo Raveli

1. zirriborroa: 1995, "Autodeterminazio-eskubidearen kritika", Dantzaki Kuadernoa 2
2. berrikuspena: 1999
3. berrikuspena: 2002
4. berrikuspena: 2006, Chanavayita-ko topaketaren karietara (Txileko estatua, iraila).
5. berrikuspena: 2014, euskarazko argitalpenaren karietara.

**Jatorrizko titulua**
¿Autodeterminación o derecho de autodeterminación?

**Autorea**
Karlo Raveli

**Itzultzailea**
Bingen Haretzederra Erentxun

© Karlo Raveli
© Politeia Argitaldaria, 2014
Designed in Vasconish / Printed in Navarre
Donostia, Nabarroa, 2014 09 07 17:47

*E molti si sono immaginati repubbliche e principati che non si sono mai visti né conosciuti essere in vero; perché elli è tanto discosto da come si vive a come si doverrebbe vivere, che colui che lascia quello che si fa per quello che si doverrebbe fare, impara più tosto la ruina che la perservazione sua.*

Niccolò Machiavelli. Il Principe. 1513.

AURKIBIDEA

1. Borroka kulturala
2. Egoera
3. Autodeterminazioa
    3.1. Autodeterminazioaren ideologia
    3.2. Autodeterminazioaren teoria
    3.3. Autodeterminazioaren praktikêa
    3.4. ADEaren tranpa (AutoDeterminazio Eskubidea)
    3.5. Autodeterminazioa eta erregimen parlamentarioa
    3.6. Autodeterminazioa eta zuzenbidea
        3.6.1. Normalizazioa: zuzenbidearen etikaren nagusigoa
    3.7. Politizazio faltsua
        3.7.1. Autodeterminazioa eta alderdiak
        3.7.2. Autodeterminazioa eta GKEak
        3.7.3. Paradoxa
    3.8. Autoafirmazioa
    3.9. Autodefinizioa
    3.10. Autodelimitazioa
4. Autodeterminazioa boterea da
5. Botere herritarra: autodeterminazioa, intsumisioa, desobedientzia zibila
    5.1. Demokraziaren oinarri erreala: botere lokala


Epilogo labur bat
Oharrak
Amaiera-oharra

# 1. BORROKA KULTURALA

Kontzeptu eta termine batzuk esanahi sozial inportantea dute. Garaiotan, adibidez, hauek izan litezke: "autodeterminazioa", "prozesu konstituentea" edo "demokrazia". Kontzeptu eta termine horien inguruko borroken atzean, sozietateen eboluzio kultural nabarmenak gertatzen dira beti. Kontraesan semantikoak aldaketa sozial errealen islada dira. Kontraesan hauek modu lingustiko, komunikazional honetan ere agertzen dira. Azken batetan, kontraesan hauek sozietate baten balio-pertzepzio eta botereharreman berriak barnebiltzen eta azaleratzen dituzte. Arrazoi honegatik, kontextu kulturalean behar-beharrezkoa da autodeterminazioaren potentzialitate erraldoia modu irekiagoan eta explizituagoan gauzatzea, gaur egun baino askoz ere indar eta eraginkortasun haundiagoz. Askoz ere gehiago isladatu behar litzateke gure dialektika independentista, biodemokratikoa, garapen kulturalerako dialektikoki aberasgarria. Bere hatsarrean bezala, askapen-mugimendua Euskal Herriaren dinamizazio kultural eta linguistikoaren arragoa zen garaian bezala. Dialektika honek bere intzidentziak eta bere erantzunak ukan behar lituzke mintzairaren eta kontzeptuen borrokan, hauen fazeta guztietan.

Hizkuntza, hizkuntza guztiak, mota guztietako mintzairak, autodeterminazioprozesuen expresio oso inportante bat dira, garaiotan gertatzen diren kontraesanak direnak direla ere. Horren adibide da idazki hau, originalki espainiaraz idatzia. Espainiara hizkuntza inperial bat da: armen, prepotentzia ekonomikoaren eta instituzio autokratiko eta atzerritarren bidez inposatua. Baina, espainiara, era berean, hizkuntza internazional bilakatu da. Areago, komunikazio internazionalistaren tresna bezala hartu da kontinente batetan baingo gehiagotan. Autodeterminazio herritarraren experientzia askotan ere bai. Batez ere, gaur egun *Abya Yala* kontinentean loratzen ari diren hamarnaka nazio originariotan. Hain zuzen ere, kontinente hau kolonizatua izaten ari da oraindik ere, "latino" terminearen bidez.

Espainiara, exterminazio eta ordezkapen kulturaleko hainbat prozesu kolonialista ezagunen bidez, suntsipen-tresna nuklear bat izan da. Zibilizazio osoak suntsitu ditu. Alta, orain, horren aurkako bilaka liteke, bere-bereak dituen espainiar ezaugarri kolonial edo neokolonial horien aurka doan zerbait: jatorrizko herrien autodeterminazioen arteko komunikabide eta hedabide bat; desagerpenari eta ezerezte kultural osoari erresistitu dioten herrien arteko komunikabide eta hedabide bat; berriro ere beren hizkuntzaren eta originalitate biorregionalaren garatzeprozesuetan murgilduta dauden herrien arteko komunikabide eta hedabide bat. Fenomeno honek, azken hamarraldi hauetan ikusi dugunaren arabera – hein batetan internetari esker – giza-sozietatearen demokratizazioa eragin lezake, kontraesankorra bada ere. Herri hauetako askok independentzia eta garapen kultural espezifikoa erdiesten dutenean gertatuko da hori. Demokratizazio hau gerta dadin, kosmopolitismo inperiala gainditu behar da. Hau da, homogeneizazio, berdintze eta akulturazio prozesuak gelditu behar dira. Hain zuzen ere, orain dela bost mende gure espeziearen historiako exterminazio fisiko eta kulturalik masiboena jasan zuen izarbelaren partetik abiatuta.

Textu honetan, ekarpenen intzidentzia teorikoarekin batera – eta bere ondoriozko intzidentzia praktiko eta politikoarekin batera – mintzairaren eremua jorratzeko ahalegina ere egingo dugu. Zeren-eta, garapen kulturalaz hitz egiten ari bagara, arrazoi sinple bategatik egiten baitugu: herri baten desalienazioaren, autodeterminazioaren eta eraikuntza sozialaren prozesu batetan, hizkuntzak eta dialektika kulturalak oinarrizko transformazio-elementuak direlako.

Gurea bezain zabala den mugimendu sozial batetan, hazkuntza kulturalak gainontzeko borroka-fenomenoak taxutzen, oso eplizituki laguntzen eta aktibatzen ez baditu, eta kultura intsumisoak prozesu kultural orokorrak baldintzatzen edo gutxienez estimulatzen ez baditu, ezin dezakegu herri oso baten autodeterminazio radikal eta efektibo bati buruz hitz egin. Hala ez balitz, beraz, ez ginateke independentziazko eta demokratizaziozko errealitate berri baten berme izateko adinakoa den autodeterminazio sozial potente baten aurrean egongo. Hain zuzen ere, beste ezeren gainetik, herri baten independentzia bere aspektu biorregional, kultural eta linguistikoan ulertzen da. Independentzia kanpo-botere minorizatzaile eta ordezkatzaileen aurrean agertzen den botere bat da.

Horregatik, prozesu politiko kritiko batetan, mintzairaren erabilera akritikoa prozesuaren ahultasunaren islada da. Prozesu horrek balio eta botere zapaltzaile eta alienatzaile jakin batzuekiko duen sumisioaren erakusgarri da.

Aldiz, mintzaira politikoaren garapenaren aktibazio eplizitua, baldin-eta formen eta edukien kontraesanak aurkitzeko bezain indartsua bada, prozesu politiko kritikoaren bermerik sendoena da. Termine jakin batzuei buruz hitz egiten ari gara, noski: demokraziaz, autodeterminazioaz, prozesu konstituenteaz, normalizazioaz, botereaz, botere herritarraz, globalizazioaz, biodibertsitateaz, zuzenbideaz, botere lokalaz...

## 2. EGOERA

Prepotentzia homogeneizatzaile kapitalistak dominatzen duen Europan, Europar Batasunean, gure mugimendu soziala bertako insurgentziarik kritikoena eta radikalena dela esan izan da noiz edo noiz. Textu honetan, mugimendu honen erraietatik erakusten ari gara nola, apurka-apurka, oinarri teoriko original batzuetara hurbiltzen ari garen, ekidinezinki eta kontraesankorki. Politika nazional, eta are, estatal (1) berri eta aurkako batetarantz. Prozesu hau, bi estatu zapaltzaileen irrika eta biolentziagatik, oso motela eta zaila ari da izaten, eta, seguru aski, oso sakona eta inportantea izango da independentziarako eta kudeaketa herritar benetan demokratiko batetarako euskal soluzioa.

Beste alde batetatik, prozesu hori apurka-apurka garatzen ari den bitartean, autodeterminazioari eta berreraikuntza sozial nazionalari buruzko debatea garatzen ari da (2), teorian baino gehiago experientzia praktikotan. Arlo mediatikoan, alderdikraziaren eta politologo sumisoen arloan, gero eta gehiago nabari da "Espainia salbatzeko" (3) eta gauzen egoera jakin eta sistemiko bat salbatzeko nolabaiteko negoziazio baten beharraren konszientzia. Helburua: bizi dugun autodeterminazio-prozesu herritar konplexu eta radikala bi arrazoi etikoren arteko "gatazka" soil batetara murriztzen saiatzea: euskal "nazionalismoa" alde batetatik, espainiar "nazionalismoa" beste aldetik. Hiru arrazoi etiko ere izan litezke, frantziar estatua kontuan hartuko bagenu, nahiz-eta orain arte, itxuraz, eta soilki itxuraz, estatu honek bigarren mailako rol bat jokatzen duela ematen duen. Murrizte-saiakera are okerragoa izan liteke, bi filosofia politiko globalen arteko konfrontaziora murriztu nahi baita arazoa: alde batetatik, Legalitatearen eta Estatuaren Zuzenbidearen filosofia; beste aldetik, ETA erakundearen eta bere inguruaren "nazionalismo terrorista".

Agerikoa da "baketzea" eta "normalizazioa" bezalako termineak, aurrerago analizatuko dugun bezala, estabilitate "hiritar" bat erdiesteko helburuz erabiltzen direla. Estabilitate hau botere-harreman existenteen esferan kokatzen da. Konstituitutako legeen marko batetan dago kodifikatuta. Alegia, "bake soziala" eta "gatazkaren gainditzea" erdiestea da bere helburua. Izan ere, bi kontzeptu hauek beharrezkoak baitira jada"konstituituta" dagoen estatu iberiko "bakarraren" estabilizazio-prozesuarekin jarraitzeko. Edo, nahi bada, bere eratze- eta garapen-prozesu "beti hoberanzkoan" aurrera egiteko. Nabarmendu behar dugu ezen espainiar estatuan zentratzen ari garela, berau baita, oraindik orain, euskal zapalkuntza nazionalaren gidaria. Estatu "bakar" hori botere-egitura existentearen araberakoa da, botere eta lege existenteen araberakoa. Estatu "bakarra", "bakar federala" bada ere... beraz, soilki formalki plurinazionala. Eta noski, kapitalista, maila ekonomikoan nagusi den normalizazio globalaren azpian, zuzenbide inter-estatalaren bidez. Zuzenbide inter-estatal hau printzipio merkantil edo ekonomiko-finantziarien arabera dago indarrean. Hauek guztiak, euskal estatu independente baten konstituzioa ekiditeko tresnak dira, eta era berean, gainerako herri menperatuen estatuen konstituzioa ekiditeko tresnak dira. Jarraian idazten ditugun hauek dira gainerako herrietariko batzuk, izarbelaren eremu honetatik hurbilen daudenetatik hasita: Korsika, Britainia, Galizia, Kanariar Uharteak eta Katalunia eta Kataluniar Herrialde guztiak.

Ondorioz, negoziazioaz hitz egiten denean, badira kontzeptu hori botere dominantearekiko sumisiotik erabiltzen duten pertsonak. Pertsona horiek ez dira autodeterminazio herritar baten eta botere instituzional baten arteko negoziazio sozial eta politiko bati buruz ari. Botere instituzionala frantziar eta espainiar estatuen botere bateratua da, edo EBarena. Pertsona horiek "gatazken" konponketarako negoziazio parlamentarista eta legalista batetan pentsatzen ari dira. Zuzenbide eta erregimen alderdikratiko existentearen barnean, noski. Negoziazio horrek jatorrizko herri honen insurgentziaren eta erresistentziaren expresiorik gatazkatsuenak berrintegratuko lituzke. Horratx, hori da funtsa. Zenbaitzuen arabera, federalizazio formal batekin edo "status" erregionalista berri batekin gerta liteke hau. Edo, bestela, "autodeterminazio-eskubideari" buruzko referendum parlamentarista batekin. Noski, Hegoaldean, espainiar marko konstituzionalaren baitan gertatuko litzateke, espainiar estatuaren zaintzapean. Edozein gauza onar dezakete, herri guztien arteko aitortza eta elkarrekiko konfrontazio erreal baten berrezagupen mutual eta solidarioa izan ezik. Izan ere, ongi baitakite konfrontazio hori independentzia prozesu batetarantz joango litzatekeela zuzenean.

Seguru aski, oso fase kritiko batetan sartzen ari gara. Fase honek Ipar Irlandako negoziazio luze eta burokratikoarekin duen antzekotasuna oso lausoa da. Batez ere, Euskal Herrian jokoan dagoena aintzatesten badugu: nazio demokratiko berri baten eraikuntzaren proiektu posiblea, edo demokrazia berri batena. Termine honi "erregimen parlamentarioarekiko" edota "zuzenbide-estatuarekiko" oso desberdina den balio bat eman geniezaioke, aurrerago xeheago ikusiko dugun bezala.

Arrazoi hauegatik, fase horretan lekutzen bagara, XXI. mendearen hasieran, "demokrazia" eta "autodeterminazioa" bezalako kontzeptuek barnebiltzen dutena oso kontuan hartu behar dugu. Oso kontuan hartu behar dugu, halaber, euskal ordezkari abertzale edo nazionalista askoren diskurtsoa. Izan ere, zoritxarrez, neurrigabe erabiltzen baitute "gatazka" kontzeptua, manipulatzailea eta konfusionista. Hau guztia kontuan hartzen ez badugu, oso erraza izango da herriaren sektore askori txakurtxoa sal diezaioten. Horrelako kasu batetan, sektore horien gain legoke, une jakin batetan, prozesuaren ardura "zibikoa", zeina, orain arte bederen, ez baita oso ongi definitu. Adibidez, hau litzateke iruzurra gauzatzeko modu bat: ongi lotutako eta mediatikoki baldintzatutako referendum instituzional bat. Edo, bestela, ildo bereko beste zenbait mugimendu eta proposizio parlamentarista.

Hitz gutxitan, egoera delikatu batetan sartzen ari gara, ez dugu arma sozial teoriko nahikorik, eta arma politiko partzialki azpigaratuak ditugu. Horren adibide, "klase" sozialen aliantzak edo Herri Batasuna. Horrez gain, euskal mugimendu herritarraren aberastasuna, erresistentzia, ekinkortasuna eta sorkortasuna nolanahikoak ez diren arren, eta gure oinarrietan beti aktibo dagoen ekimen eta kolektibo infinitate bat dugun arren, esku artean ditugun tresna demokratiko sozial eta herritarrak ahulak dira oraindik.

## 3. AUTODETERMINAZIOA

1970eko hamarraldiaren amaieratik aurrera, aurreko hamarraldi zalapartatsu eta oso emankorraren ondoren, tentsioaren eta sorkuntza teorikoaren beheraldi bat gertatu zen Euskal Herrian. Fenomeno hau bat etortzen da mundu mailako kontraeraso kapitalistarekin eta Hegoaldean ezarri zen espainiar sistema parlamentarioarekin (gure herriaren hegoaldean, espainiar administrazio autonomikoaren baitan). Honek ideologien rol baldintzatzaile ekidinezina azaleratu du, mugimendu sozialei eragin diezazkiekeen arrisku tipiko guztiekin. Prozesu honen nabardurarik adiarazgarrienetakoa autodeterminazioaren ideologiaren loratzea izan da. Itxuraz, beti positiboa eta efektiboa, bere deribazio sozial guztiekin. Alta, horietako zenbait deribazio negatiboak izaten dira, hein batetan bederen: autodeterminazioaren ideologia autodeterminazio-fenomeno erreal, konkretu eta sozialei gainetik jartzen duten heinean, edo-eta autodeterminazio-fenomeno erreal horiek baldintzatzen dituzten heinean.

Batez ere, ekarpen kritiko radikal bat egitea interesatzen zaigu hemen. Beraz, ondorio negatiboez arduratuko gara zehazki. Aldi berean, auzia marko teoriko oso argi batetan berlekutzen saiatuko gara. Fokutze aldera, marko hori eta bere hiru fazetak analizatzea komeni da, oraingoz eskematikoki:

- autodeterminazioaren **ideologia**.
- autodeterminazioaren **teoria**.
- autodeterminazioaren **praktika**.


*3.1. Autodeterminazioaren ideologia*

Irakurlea asper ez dadin, ondorengoa esango dugu: ideologia indibiduoaren experientzia edo bizipen sozialetan sortzen edo oinarritzen den zerbait da. Orokorrean, hausnarketa kritiko oso garaturik gabe sortzen da, analisi sufizienteki sakondurik gabe. Ideologia, intelektualki, zenbait kontzeptu oso abstraktu eta generikotan finkatzen da. Kontzeptu hauek, sarritan, inkonszienteak, irrazionalak, eta are, errealitate objektibo pertsonalarekiko eta inguruarekiko kontraesankorrak izan ohi dira. Era berean, badira ideologia oso garatu eta sofistikatuak, erlijioak bezala. Alta, erlijioek pertsonaren arazo sakonagoak isladatzen dituzte. Ulertzen, azaltzen edo soluzionatzen zailagoak diren arazoak. Besteak beste, heriotza, gizakiaren esentzia, bizitzaren esanahia. Ondorioz, mugimendu historiko eta kolektibo konplexuagoak sortzen dituzte, sustraitze sozial sakonagoa dutenak.

Orokorrean, ideologiak alderdien diskurtsoaren oinarria dira. Alderdi bakoitzak jantzi erakargarri eta original bezala eramaten du bere ideologia, baina sakonean oso antzekoak diren interes eta praktikak estaltzen dituzte guztiek. Propagandazko erritual elektoral periodikoen eta "gobernu-konpromisoen" garaia iragan ostean, marko parlamentarioaren, berbanaketen eta azpibotere-funtzioen unea heltzen da. Orduan, ahantzi edo alboratu egiten dira konpromisoen edukiak. Autodeterminazio ideologikoa, edo autodeterminazioaren ideologia, orokorrean, autonomia politikoari buruzko ideia generiko bat da. Edo, bestela, "autodeterminazio-eskubidea" esaten zaion horretan bat egiten duten presuposizio legalisten multzo bat. Presuposizio hauek herri batentzat moralki justifikatuta dagoen zerbait bezala ulertzen edo sentitzen dira, justua eta legitimoa den zerbait bezala. Batez ere, autodeterminazioa modu konkretuan manifestatzen duen sozietate bat existitzen denean.

## 3.2. Autodeterminazioaren teoria

Prezisuki orain egin nahi duguna da: diskurtso organiko eta razional bat, kritikoa, eta, ahal bada, zientifikoa ere. Beraz, ez-ideologikoa edo anti-ideologikoa. Hasteko, diskurtso horrek praktikarekin zuzenki erlazionatuta egon behar du. Beti, esanahi – edo zuzenketa – egoki bat eman nahi izan behar die erabilgai diren termineei. Logika bat jarraitu behar du. Hau da, pentsamenduaren dialektika eta garapen koherente bat eman nahi izan behar du. Pentsamenduaren dialektika eta garapen horrek norabide argi, zehatz eta benetan aplikagarri baten arabera antolatutako analisiak behar ditu. Teoria sozial bat sozialki bideragarria izan dadin, harreman estu eta ireki bat mantendu behar du jarduera kolektibo politiko, kultural eta ekonomikoarekin. Gure kasuan, bere potentzial sozialaz konsziente den herri baten kasuan, herri honen prozesu erresistente eta konstituentea ulertzeko eta potentziatzeko gai izan behar du. Hau da, teoria horrek abian den prozesu materiala hobetu behar du, eta, era berean, bere burua hobetu behar du. Horretarako, erreferentziatzat hartzen duen eratze sozial espezifikoarekiko harremanean garatzen diren kontraesan guztiak gainditu behar ditu. Bide batez, kontraesan hauei buruz ere arituko gara autodelimitazioaz hitz egiten dugunean. Autodelimitazio nazionala egitura espezifiko proprioarekiko harremanean garatzen den zerbait da. Autodelimitazio nazional hori, era berean, osaera sozialarekiko eta bere barne-borroka sozialekiko harremanean garatzen da. Hori guztia, noski, autodeterminazioaren marko orokorraren baitan.

Praktika sozialarekiko harremanik gabe, teoria esterilizatu egiten da. Errazki, epe laburrean, ideologia soil batetan bilakatzen ahal da, eraikuntza indefinitu batetan, ideia inkonkretuen eraikuntza batetan. Sarritan, iturburu duen sozietatearen sakoneko behar eta interes errealetatik urrun eta bereizita dauden ideien eraikuntza bat bilakatzen da. Marx-ismo askori gertatu zaiona izan da, adibidez. Marxen lan teorikoa, bere metodo teorikoa, ideologia bilakatu dute. Marx-ismo mota asko garatu diren arren, abandonatu egin dute marxiar metodo izendatzen dugun hori. Metodo hau analisirako eta inbestigaziorako hurbiltze edo prozedura bat da.

Teoria – eta honek sortzen duen estrategia eta taktika – etengabe zuzendu, eraldatu eta hobetu behar da, praktikaren bulkadarekin eta irakaspenekin. Kasu honetan, oinarriko kolektibo batzuen aldarri eta proposizioekin harremanetan dagoenez, oinarriko kolektibo horien aktibitatearen bulkadarekin eta irakaspenekin hobetu behar da. Horrela egiten ez bada, autodeterminazio-kontzeptu abstraktu bat izango da berriro, autodeterminazioari buruzko beste ideologia inkonkretu bat, politikaren profesionalek erabili-eta-bota egiteko modukoa. Egin ere, horrela egiten baitute, behin beren planteamentu eta interes instituzional eta alderdikoiak asetuta daudenean. Hori da historiak erakusten duena.

## 3.3. Autodeterminazioaren praktika eta errealitatea

Autodeterminazioaren aspektu konkretu eta materiala da hau, ideologiez eta teoriez harago (eta, horrela, teoria egiten jarraitzen dugu...). Autodeterminazio praktikorik ez badago, ez da autodeterminaziorik existitzen. Autodeterminazioaren ideologia onartu eta eskubide hori politikoki proklamatu arren ("autodeterminazio-eskubidearen berrezagutza proposatzen dugu, bla, bla..."), edo-eta, propaganda bezala, autodeterminazioari buruz teorizatu eta berau aldarrikatu arren. Autodeterminazio praktikoa autodeterminazioaren ezinbesteko baldintza da.

Hauek lirateke autodeterminazio praktiko baten adibideak: aktibitate eta borroka soziala; ekimen eta proposizio sektorial aktiboak, lokalak edo nazionalak, efektiboak eta efizienteak; mota guztietako kolektiboen aldarrikapen eta aurrerapen zehatzak. Hauek guztiek beren gain hartu behar dute autodeterminazioa beren eguneroko lanaren fokutzean eta perspektiban. Autodeterminazioa kolektibo edo herri bezala dugun espezifitate proprioaren afirmazio kolektiboa da.

Aitzitik, hasieran formulazio teoriko orokorrik ukan ez duen autodeterminazio praktikorik ere ez da posible. Formulazio teoriko orokor horrek inklusiboa izan behar du. Marko nazionalaren baitako interes sozial konkretuen expresio guztien artean marraztu behar da. Autodeterminazioa erdiesteko, praxi bat izan behar du, hau da, praktikaren eta teoriaren arteko dialektika bat. Prozesu material bat izan behar du, terminearen esanahi guztietan (4). Beraz, konsziente, explizitua eta ahalik eta modu razionalenean adiarazia, kontraesan sozial errealen aspektu guztietan. Eta naturalki, batez ere, "zientifikoki" koherentea den mintzaira bat erabili behar du.
Gero, autodeterminazioa prozesu konstituente batetan gauzatzen denean, prozesuan zehar, bere karga sozial kritiko eta sorkorra neurri batetan bakarki mantentzen du. Debate teorikoak irauten duen neurrian, hausnarketak irauten duen neurrian, jokoan dauden aspektu kontraesankor guztiekiko konszientzia irauten duen neurrian: soziala, ekonomikoa, kulturala, politikoa...

## 3.4. ADEaren tranpa

Arestian aipatu dugun ideologizazio horren fruitu pribilegiatu bezala "AutoDeterminazio Eskubide" (ADE) sakrosantuaren mistika sortu da. Borroka independentistaren marko askotan infiltratu da. Hemen, honek ekarri dituen arrisku larriak agerian uzten saiatuko gara.

Kasu honetan, lehenik, autodeterminazioaren fenomenoa zuzenbidearen arlo esterilizatzailera lekualdatu izanaz ihardun behar dugu. Edo, hobe esanda, zuzenbide positiboaren arlo esterilizatzailera lekualdatu izanaz: erregimen parlamentarioaren zuzenbidearen arlora. Arlo hau, orokorrean, mendebaldeko filosofia ekonomiko eta politikoek determinatu eta delimitatu dute, europearrak bereziki.

Bigarrenik, lupaz behatu behar dugu politizazio faltsu bat. Politizazio faltsu honek "eskubide" soil bezala ulertarazi nahi digu autodeterminazioa. Hau autodeterminazioaren alienazioa da. Era berean, politizazio faltsu honek "Legearen" bidez ordezkatu nahi du herri baten autodeterminazio aktibo eta errealaren prozesu konkretu, material eta soziala. Beraz, Legearen bidez, autodeterminazio horren expresio antolatu oro ordezkatu nahi da.

Hirugarrenik, bigarren mailako hainbat aspektu behatuko ditugu, lehen bietatik eratorriak. Horrela, apur bat gehiago hurbilduko gara autodeterminazio kolektiboaren praxi radikalera eta bere detrakzioetara.

## 3.5. Autodeterminazioa eta erregimen parlamentarioa

Kultura eta botere-prozesuak hertsiki lotuta daudela Pernandoren axioma bat da. Hala ere, ez da beti erraza izaten lotura hau artikulatzen duten fenomenoak aurkitzea, sutilak izaten baitira askotan. Fenomeno hauen artean bereizgarrienetako bat **"legekoitzea"** da, beste lan batzuetan ere horrela izendatu izan duguna. "Legekoitzea" indibiduoek indarrean dauden arauak onartzea da, boterearen forma eta fenomeno dominanteen markotik jariatzen diren legeak ("Legeak"!) onartzea, arau eta lege unibertsalak bailiran, naturalak eta objektiboak. Transbalorazio indibidual eta sozialaren aspektu bat da. Nietzsche-k, "botere-nahiaz" ari dela, balio primordialekiko harremanean azpimarratzen du transbaloarzio hau.

Hau da, absolutua bailitzan onartu eta barneratzen da perspektiba etiko (eta ideologiko eta teoriko) jakin bat: zuzenbide positiboaren perspektiba, ezarrita dauden lege eta arauen perspektiba. Beraz, agerian dauden balioak hartzen dira egiazko baliotzat, edo, bestela, zuzenbidearen eta sistema normatiboaren bidez zuzenean inposatzen direnak.

Hau, alde batetatik, inperatibo etiko legalak asumitu eta asignatzen dituzten legeen kasuan gertatzen da. Inperatibo etiko legal horietako batzuk ondorengoak dira: merkantzien truke-balioa, zeina diruaren bidez erabilera naturalaren balioari gainjartzen baitzaio; aitatasunaren balio patriarkala, zeinak sexualitatearen eta ugalketaren balio naturala transformatzen baitu; ondasun naturalen proprietate pribatuaren balioa, zeina erabileraren proprietate indibidual eta kolektiboari gainjartzen baitzaio. Zenbaezinak dira sistema produktibo historiko jakin batek eta botere-harreman jakin batzuek induzitzen dituzten balio jada historikoak. Hala ere, hauez guztiez harago, zuzenbide positiboaren perspektiba etikoa bizitza politiko eta sozialaren gainontzeko kontzeptu fundamental guztietara ere hedatzen da.

Hau zuzenki dago lotuta autodeterminazioa den ideia eta terminearekin. Autodeterminazioaren ideia, subjektu eta antolakunde radikal eta kritikoek etengabe erabiltzen badute ere, kasu askotan legekoitzearen bizioak jota dago. Zoritxarrez, euskal independentismoan ere tranpa sutil bezain arriskutsu honetan erori ohi gara sarritan, mintzairan eta kulturan oso enkistatuta baitago. Kapitalismoko erregimen parlamentarioaren etika, printzipio eta arau antidemokratikoekiko bizi dugun sumisio egoera ia instinktiboaren (!) erakusgarri da hau guztia.

Hain justu, modu honetan, ondorengoa uler dezakegu: lan eta debate kritiko eta sorkor iraunkorrik ezean, botere dominantearen kategoria, balio eta kontzeptuak etengabe bersortzeko oinarrizko ibilgailu eta tresna automatiko bat bilakatzen da mintzaira. Horretarako, bistan da, behar dituen bitarteko guztiak ditu eskura: kultura orokorra, sistema hezkuntzatikoa, komunikazioa, hedabideak, inbestigazioa eta abar.

Ondorioz, askorentzat, autodeterminazioa autolegitimazio-fenomeno bat da. Beren aburuz, autolegitimazio-fenomeno hori legalizazio batekin ixten da, "**eskubide baten aitortza legalarekin**", "autodeterminazio-eskubide" ospetsuarekin. Autodeterminazioa soilki erreala denean, aldiz, autodeterminazio hori sozietate edo kolektibo batentzat existi dadin, prozesu material eta immaterial bat izan behar du, desalienaziorantz eta norbere buruaren berjabetzerantz bideratua. Alegia: autoafirmaziorantz, autodefiniziorantz, autodelimitaziorantz eta eduki errealen autodisposiziorantz bideratua (5). Prozesu hori, gero, bere fase esplizitu eta aurreratuenen amaieran, *de iure* zuzenbidezko forma eta formalitatetan gauzatu ahal izango da.

Edozein kasutan, guztiz ebidentea da autodeterminazio-kontzeptuaren legekoitze honek autodeterminazioaren potentziale kritiko politiko eta soziala ikaragarriki murrizten duela. Autodeterminazioaren karga sorkor, subertsibo eta formatibo hartu eta erregimen instituzional, politiko eta baliotiko existentearen berrekoizpen sofistikatuago eta perfekzionatuago bat eraikitzeko erabiltzen du.

Herri edo nazio demokratiko, sozialki libre eta independente baten eraikuntzarako, zerbitzu txarra!

Idazki honetan agerian utzi nahi dugu – hasiera batetan paradoxikoa badirudi ere – **AUTODETERMINAZIO ESKUBIDEAREN AITORTZA** den kontsignaren arrunkeria eta kontsigna honek duen arriskua, baldin-eta autodeterminazio herritarraren prozesu erreal eta sendoen gainean artikulatu eta oinarritzen den ildo politiko batetan inkuadratzen EZ bada. Ez dugu ahantzi behar ezen, Euskal Herrian, espainiar nazionalista karakter nabarmena duten alderdiak ere, Izquierda Unida (IU) bezala, "ADEaren aitortzaren alde" daudela. Inoiz pentsatu al dugu zein den "aldekotasun" arraro honen sakoneko arrazoia edo azalpena?

*3.6. Autodeterminazioa eta zuzenbidea*

Arestian ikusi dugun bezala, giza-sozietate demokratikoen garapena eta **"zuzenbide"** eta **"botere"** kontzeptuak erlazionatzen ditugunean (6), kontraesan bat aurkitzen dugu. Orokorrean, zuzenbidearen filosofian, estatuaren eta zuzenbide konstituzionalaren teorian, eta, nola ez, filosofia politiko edo ekonomiko akademiko dominanteen markoan, "zuzenbide" eta "botere" kontzeptuak totalki mistifikatzen eta manipulatzen dira. Hau modu sistematikoan egiten da, eta, orokorrean, estabilimentu politiko, unibertsitario eta juridiko guztiak onartzen du manipulazio hori. Fenomeno hau, orokorrean, are sakontasun eta sofistikazio haundiagoz gertatzen da gure unibertsitate kolonialetan, adibidez EHUan. Edozein kasutan, batez ere "Mendebaldean", filosofia eta ideologia orokor bat garatu eta inposatu da duela mende askotatik. Ideologia honek "ukatearen" balioa "izatearen" balioaren gainetik jartzen du. "Proprietate pribatizatua" "ondasun komunen" gainetik jartzen du. Ondasun komunak harreman sozialen garapenerako oinarri fundamental bat dira.

"Interes orokorraren" ulerkera indibidualista bat da hori guztia, interes indibidualaren balorizazio eta erreprodukzio alienatu batetan oinarritutako ulerkera bat. Ulerkera hori harreman sozialak eta sozietate osoaren antolakuntza definitzeko zoru esentzial bilakatzen da. Sozietatea indibiduoen gehiketa bezala ulertzen da. Alta, beste ezer baino lehen, potentzialki harmonikoa den kolektibo natural bezala ulertu behar litzateke.

Era berean horregatik, gizakion gehiengo absolutu bat "boteregabe" gaude. Gure balio bakarrak hauek dira: gure aptitudeak, gure gaitasunak eta gure sumisioa gutxiengo proprietarioaren egitura produktiboen beharrekiko. Bizirauteko, gure lan-indarra baino ez daukagu, eta, naturalki, merkatal balio bezala saldu behar dugu, soldata baten bidez. Hortik eratortzen dira hainbat arau (zuzenbidea, legeak). Arau horiek etika bat bermatzen dute, era absolutu batetan: etika horretan merkatal balioek soberanoak dira beste balio guztiekiko. Ondorioz, justiziaren eta autoritatearen arteko harreman jakin bat bermatzen dute. Estatuaren, erregimenaren eta berrezagututa dagoen aktibitate politiko ororen oinarrian dago harreman hau.

Harreman-tipo hori da kapitalismoaren oinarrian dagoen filosofia (eta noski, bai-eta bere bertsio sozialista edo estatalen oinarrian dagoena ere). Kapitalismoaren muina da, esparru orokor nahiz pertsonalean. Gainontzeko balioen markoa da. Balio hauek, gero, erregimen parlamentario "burgotarrean" garatu eta antolatu ziren, ideologikoki nahiz teorikoki. Garapen eta antolakuntza hori "zuzenbide positiboaren" eta bere aplikazioen bidez egin zen. Zuzenbide honek, azken buruan, botere errealaren eta botere ekonomikoaren arteko bat egitea bermatzen du beti. Noski, modu ezkutuan egiten da hori. Bederen, kontraesan sozial errealak indarrez agertzen ez badira, edo beren mugimenduek salatzen ez badituzte. Alta, botere hau gainditzeko, ezinbestekoa da eredu osoaren eta garapen-prozesuaren balioen aldaketa progresibo bat, benetan demokratikoa. Hala izan ezean, botere hau ezin izango da inoiz errealki eta definitiboki gainditu. Hala izan ezean, ezin izango da beste botere batzuez edo beste botere-forma antolatu batzuez gainditu, nahiz-eta hauek kolektiboak izan (edo itxura hori eman).

Baina, hain zuzen ere, existitzen dira "zuzenbide" eta "botere" hitzen beste balio posible batzuk. Askotan, autodeterminazio herritar batek ebidentzian jartzen ahal ditu balio hauek. Autodeterminazio-prozesu bat zuzenbide dominantearen boterea baino potenteagoa denean, eta, beraz, "autodeterminazio-eskubide" dominatuaren barnean enkorsetatzen ez denean, ezagutza, experientzia eta balioen praktika kolektibo berriak generatzen ditu edo generatzen ahal ditu. Ondorioz, harreman sozial modu berriak, autogestio sozial modu berriak eta, posibleki, giza-sozietate osoaren ulerkera berriak ere bai. Edozein kasutan, ez dirudi nazio guztien kolektibitatearen garapen global mundiala behar adina heldu denik. Ez bederen botereen eta zuzenbideen aldaketa orokor batetarako. Hain zuzen ere, hor etzaten baita gizadiaren "kontraesan demokratiko" nagusia: zuzenbidearen eta boterearen artean, hauek ulertzeko modu desberdinen artean, zuzenbide eta botere kontzeptuen esanahi desberdinen artean, eta beren arteko harremanean.

Noski, lehenik eta behin, gauza bat aitortu behar da. Demokraziaz hitz egin ahal izan dadin, botere-harremanen berritze etengabe eta garden bat asumitzen duten kolektibitateez aritu behar gara. Botere herritarraz, edo botere kolektiboaz, jakina. Demokrazia prozesu iraunkor bezala ulertu behar da, eboluzioan beti, botere-harremanen hobekuntza etengabe eta ahalik eta naturalenerantz. Horregatik, biodemokraziaz ere hitz egiten dugu, eta, beraz, prozesu jakin batzuez ari gara. Prozesu horietan, zuzenbidea (zuzenbide "positiboa" eta "zuzenbide-estatua") ez da botere herritarraren fenomeno eta proposizioen aurkako tresna bezala erabiltzen.

Demokraziaren bi gako-elementu horien aurrean, boterearen eta zuzenbidearen aurrean, ebidentea da harreman berri batetan kokatu behar garela, ulerkera etiko berri batetan.

Demokrazia ezin da ulertu gauzen egoera definitibo bezala. Demokrazia ezin da ulertu gauzen egoera normalizatu bezala. Demokrazia ezin da ulertu lege formal definitiboek enkorsetatutako gauzen egoera bezala. Demokrazia prozesu bezala ulertu behar da. Era berean, demokraziak ezin du estatuaren gestio-erregimenaren eskema bat izan. Adibidez, ezin du izan zuzenbide "positibo" mendebaldekoitzailearen bidez kodifikatua, immutablea, eta gainera mistika sozial moduko baten mailan dagoena. Edozein soziate etengabe eboluzionatzen da, aktibitate soziodinamikoa behar du, mugimendu eta debate zibiko iraunkorra behar du, eta, naturalki, botere herritar konstituente eta konstituitua behar du, demokrazia-maila gero eta garatuagoak faboritu, erdietsi eta mantentzeko.

Borroka herritarraren experientzietatik eratortzen den rotunditatez, eta bizi dugun erregimen-mota honek ekoizten ahal duen terrorismo sofistikatuaren eta manipulazio ideologikoaren azpian dugun beteranotasun gogorraren kontundentziaz, ondorengoa baieztatzen ahal dugu: sistema parlamentario kapitalista demokrazia ezaren adibide erreal bat da. Eta hala da, era berean, beste arrazoi bategatik: demokrazioaren kontzeptu teorikoari buruz egiten duen edo egin nahi duen subsuntzio alienatzaileagatik, bere presuntzio demokratikoari jarraiki. Zeren-eta, errealitatean, sistema parlamentario kapitalista botere herritarraren ukatzerik sofistikatu eta sutilena baita, demokraziaren beraren ukatzea. Sistema parlamentario kapitalistak ukatu egiten du zentzurik logiko, dinamiko eta naturalenean ulertutako demokrazia.

Kasu honetan ere – mintzairaren auziko elementu paradigmatiko bezala – ideologia jakin bat demokraziaren kontzepzio bilakatzea lortu da. Ideologia hori estatuaren gestio-erregimenaren eredu determinatu eta itxi baten izenburu eta definizio bezala aplikatzen da. Ideologia hori erregimen parlamentarioa da. Erregimen parlamentarioa eta bere sare alderdikratiko egiturala, noski. Sare hori osoki esentziala eta funtzionala da eredu horren garatzeko.

Politikari kriminal oso ezagun horiei "demokraziaren defentsaz" entzuten diegunean, guztiok dakigu zertaz ari diren. Hain zuzen ere, beraiek baitira gerren, terrorismoen, exterminazioen eta mota guztietako giza-sufrimentuen arduradun. Giza-sufrimentu horiek goseak, errepresioak, explotazioak, gaixotasunek edo beste hainbat kausak eragiten dituzte.

Erregimen parlamentario botukratikoak, zuzenbide positiboaren artifizio burutsuari esker, gutxiengo faktiko batzuen botere autoritario eta exklusiboa ezkutatzen du, formalismo pseudo-demokratiko determinatu batzuen azpian. Gutxiengo hauek prepotenteak, asozialak edo antisozialak dira, eta askotan kriminalak eta oligarkikoak. Finantza- eta produkzio-bideen jabe diren "fortuna" haundien gehiengoarekin identifika ditzakegu gutxiengo hauek. Era berean, gero eta murritzagoak eta gero eta jabeagoak diren gutxiengoak dira.

Jakina, erregimen honen garapenaren inguruan, berau bermatzeko, beharrezkoa den euskarri kultural guztia eraiki da. Euskarri honen baitakotzat hartzen dugu erromatar eta germaniar jatorriko "merkatal" zuzenbide europearra. Bai-eta mota guztietako teoria eta filosofiak ere, zuzenbideari, botereari, estatuari, jabetzari eta batez ere "lanari" buruzkoak. Euskarri kultural hori mendebaldeko "demokraziaren" eta "Estatu" askearen jatorri natural bezala haragiztatzen da, eta, noski, oreka sozialean dagoen egoera normal bat dela sinetsarazi nahi digu. Oso normalizatua, baiki. Gainera, noiz eta orain, alderdi "haundi" gutxi batzuen errepresentatibitatearen oligopolioa are gehiago degeneratu den honetan. Orokorrean, bi alderdi izan ohi dira. Hala gertatzen da ia metropolitar estatu guztietan.

Erregimen hauek, *de facto*, oreka batetan daude. Oreka horrek borondate eta soberanotasun herritar bati erantzuten dio; "kontraktu sozial" bati; ezagun zaizkigun "printzipio demokratiko objektibo" batzuei. Sistema honetan, herritarron "adiarazpen", "partehartze" eta "errepresentazio" modu bakarrak botukrazia eta alderdikrazia diren mekanismo "normalak" dira. Esan nahi baita, hauek dira "herriaren borondatearen", "iritzi publikoaren", "sozietate osoaren interesaren" eta bere "gehiengoen" eta "gutxiengoen" manifestatzeko tresna bakarrak.

Printzipio hauek errotik alienatzen dute kontzeptu bat. Demokrazia herriaren botere bezala definitzen duen kontzeptua. Kontzeptu honek, era berean, prozesu eta etika demokratiko naturalez osatutako botere bezala definitzen du demokrazia. Naturalki, printzipio horiek aparatu oso sofistikatu batek sustatzen ditu, modu sakonean. Maila mediatikoan, maila hezkuntzatikoan eta maila kulturalean. Gure bizitzaren lehen hilabeteetatik jasaten dugu aparatu honen eragina.

Orain, baina, itzul gaitezen auziaren muinera. Elementu politiko egitural hauetatik abiatuta, aparenteki kontraesankorra den zerbait berresten dugu: Euskal Herriak "autodeterminazio-eskubidearen aitortza" behar duela baieztatzen denero, erregimenaren kultura politikoan ezkutatzen den tranpa erreproduzitu baino ez da egiten, konsienteki edo inkonsienteki. Esan nahi baita: printzipio eta prozesu sozial natural bat enkorsetatu eta deformatu egiten da, kasu honetan indibiduoen eta kolektibitateen autodeterminazioa. Episteme ofizial jakin baten azpian ezkutatutako janzkiz eta sofismaz egiten da enkorsetatze eta deformatze hori, "zuzenbidearen" azpian. Zuzenbide positiboa "doxa" sistemiko bat baino ez da. Bada, zuzenbide positiboaren balioa aurrejarri eta gainjarri egiten zaio autodeterminazio-boterearen eta autodeterminazio-prozesu materialaren balioari. Esan nahi baita, erregimen historiko jakin baten aurau eta printzipioen balioak aurrejartzen zaizkie subjektuen eta kolektibitateen prozesu natural eta errealei. Alegia, **autoafirmazioari**, **autodefinizioari**, **autodelimitazioari** eta **autodisposizioari** (autogestioari). Autodeterminazioa den termine globala erabiltzen dugunean lau kontzeptu espezifiko horiek barnebiltzen ditugu, 3.8 puntutik aurrera garatuko dugun bezala.

Transformazio (transbalorizazio) honen ondorioak ere oso nabarmenak dira, aurrerago ikusiko dugun bezala. Zoritxarrez, oso kaltegarriak pertsona eta sozietateentzat. Kasu batzuetan, pertsona eta sozietate horiek izaki original eta singular bezala bizirautea bera ere arriskuan egon ohi da.

Lehen ondorioa hau izaten da: ahantzi egiten da ezen, autodeterminazio bat gara eta baiezta dadin, demokrazia proprioa garatzeko prozesu jarrai eta sakon baten beharra dagoela. Hain zuzen ere, beharrezkoa da enkorsetatze homogeneizatzailea etengo duen prozesu bat. Enkorsetatze homogeneizatzaile hori mendebaldeko zuzenbide positiboak eragiten du, eta, halaber, erregimenak eta "zuzenbide positibozko" estatuak globalki ezarritako arauek, edo-eta legegintza estatiko eta mekaniko batek. Behin prozesu hori abiatuta, subjektibitate kolektibotik osatzen da sozietate singular bakoitza. Sozietate singular bakoitzak bere behar propioak asebetetzen ditu. Hasteko, kulturalak. Behar hauek espezifikoak dira. Baina, aldi berean, giza-dibertsitatearen biosistema osoan (7) integragarriak, gidalerro berberak jarraituz.

Autodeterminazioa "AutoDeterminazio Eskubidearen" (ADEaren) aitortzara murriztea, termine demokratikotan, autodeterminazioa bere sustraietan itotzea da. Autodeterminazio erreal bat botere herritarraren garapen-prozesu bezala manifestatzen da. Ez da lege baten bidez manifestatzen. Ez da nezesarioki eta exklusiboki Konstituzio estatal berri baten bidez manifestatzen. Hala erakusten digu, egunero, jada berrezegatuta dauden hainbat nazioren ihardunak. Nazio hauek berrezagututa daude herri espezifiko bezala, baina oraindik ere hainbat modutan menperatuta daude. "Autodeterminazio Eskubidea" berrezagututa dagoen eskubide bat da. "Zuzenbide internazionalak" (inter-estatalak) berak ere onartu du. Baina, eskubide honek ez du autodeterminazio definitibo eta faktikorik ahalbidetzen. Autodeterminazio erreal baina partzialezko beste egoera batzuekin ere erka dezakegu, egoera arraro eta muturrekoagoekin. Adibidez, zenbait herrialde edo eskualde barnehartzen, oprimitzen eta kolonizatzen zituen estatu-nazioaren botere militarra erraldoia zen; soberanotasuna *de facto* eta *de iure* ukatzen zien sistema instituzional eta mediatiko internazionala hor zegoen; eta, hala ere, herrialde hauek askatzea lortu zuten.

Jakina, izarbel osoan zehar mantsoki hazten ari diren errealitate autodeterminatu hauek beren ibilbide konstituente osoa egin behar dute oraindik. Gutxienez, autodisposizio konkretu eta elemental horretaraino. Konstituzio eta estatu forma berri batetara irits daitezen. Ipar Amerikan, Abya Yalan, Asian, Europan, Afrikan eta Ozeanian. Beraz, esaten ahal dugu ezen autodeterminazio erreal eta materiala kontrajarri egiten zaiola zuzenbide positibo dominanteari. Kontraesankorki, eta, sarritan, radikalki. Izan ere, autodeterminazioak behar intrinsiko eta natural bat baitu: indarrean dagoen legalitate ofiziala azpiratzea, botere herritar espezifikoaren etika berria eta prozesu kulturalak ezar daitezen. Etika eta prozesu hauek desberdinak dira herri bakoitzarentzat.

Honek guztiak, gainera, perspektiba zabal eta berriak irekitzen ditu "zuzenbidearen" eta etika sozialaren ulerkera berriak garatze bidean. Garabide berri horien oinarria, alde batetatik, dominazio kultural kapitalista eta mendebaldekoitzailea gainditzea da, eta, bestetik, jakintza kultural biorregionalak lantzeari berrekitea.

Beraz, kontraesan demokratiko nagusia, hau da, "zuzenbidea vs. boterea" kontraesana, fundamentala da. Batez ere, helburu batetarako bidean: autodeterminazioaren kontzeptua azaldu eta garatuko duen ildo politiko herritar eta independentista bat ezartzeko bidean.

### 3.6.1. Normalizazioa zuzenbidearen filosofiaren baitan

Mintzaira politikoaren fenomenologian, "normalizazio" terminearen erabilera ere adibide interesgarri eta kurioso bat da, hasieran ikusi dugun bezala. Zehazki, euskal intsumisiotik hitz honi buruz egin izan den lan kritikoaren ondorioz, bere erabileran gertatzen diren kontraesan interesgarriak azaleratu dira. Kontraesan hauek oso nabarmenak izan dira. Ondorioz, hainbat eta hainbat organismo nabarmengarri hitz honen erabilera masiboa abandonatzen hasi dira beren propagandan. Alegia, instituzionalismoaren baitako "ezkertiarrak", "pazifistak" eta "dialogoaren sustatzaileak".

Orain denbora gutxi, "normalizazioaz" hitz egiteak oso panazea komenigarria zirudien. Bazirudien ezen "normalizazio" terminea zela euskal-frantziar-espainiar "auzi" edo "gatazka" gaizkizendatzen duten horren konponbidea. Antza, "normalizazio" terminea liserigarriagoa zen "baketze" terminea baino. Izan ere, azken hitz horrek desprestigio ebidentea jasan baitzuen. Alta, batzuek pentsamentu normalizatzaile mota hau erreproduzitzen jarraitzen dute eta jarraituko dute. "Sozietatearen normalizazioa" aldarrikatzen dutenean, edo kulturarena, edo, are, hizkuntzarena, ideologia dominanteekiko beren sumisio konsziente edo inkonszientea azaleratzen dute. Egoera horretan, jarraian aipatuko ditugunak gainjarri egiten zaizkie kontraesan eta prozesu kultural, sozial eta naturalei: lehenik, Araua; bigarrenik, erregimen parlamentarioaren Lege idatzia eta ez idatzia (9); hirugarrenik, zuzenbide-estatua; eta, laugarrenik, estabilitutako boterea. Kontraesan eta prozesu hauek berez dira sorkorrak, kritikoak, dinamikoak, berritzaileak, intsumisoak, originalak. Hau guztia adibide esanguratsu bat da. Adibide honetan mintzaira nola erabiltzen den erakusten da. Erabili egiten baita, alienaziorako eta kontrol sozialerako aplikazio bezala.

Normalizatzaile hauentzat faktu positibo bat litzateke Arauaren, Zuzenbide Ofizialaren eta Erregimen Parlamentarioaren Legearen berrezarpen integral eta orokorra. Inpuneki "Demokrazia" esaten diote berrezarpen horri. Horrela, kontrabandoan, ideia bat sartu nahi digute. Ideia honen arabera hau da kontraesanen erresoluziorako bidea: guztiok "herritarron ordezkariek" administratutako "zuzenbide positiboaren" eta "legalitatearen" mekanikan eta balioetan integratzea eta berdintzea. Esan nahi baita: ustezko "kontraktu sozial" horrekiko eta bere ondorio eta exigentzia immutableekiko azpiratze orokorra onartzea, zeren-eta, beraien arabera, "demokrazia" esaten dioten horren oinarrian baitago "kontraktu sozial" hori. Gero, hurrengo pausua letorke: intsumisoak "sozietatearen interesarekin" edo "kontsentsu sozial orokorrarekin" konformizatzea. Jakina, "soberanotasun herritarraren" ideia ez oso definitu batez kondimentatzen da hau guztia. Orain, giza-sozietateen gaur egungo gobernu-erregimena absolutuki eta eternalki baliozkotzat jotzen da.

Erregimen horren oinarri etiko eta historiko bezala ezarri nahi dute ustezko "soberanotasun herritarraren" ideia hori.

Hau ulergarria dateke. Horretarako, gauza bat ulertu behar dugu: sakonki antidemokratikoa den erregimen bati "demokratiko" etiketa jartzen dioten horiek gaixotasun kroniko larri bat dute. "Legekoitzea" neologismoaz izendatu dugu gaixotasun kroniko hori. Baina, jakina, gaixoek onartu egiten dituzte beren "demokratikotasunak" dituen zenbait limite: "demokrazia errepresentatibo", "demokrazia formal" edo beste hainbat artilugio terminologiko mistifikatzaileren bidez gaizkizendatzen den horren zenbait defektu, defizit edo inperfekzio aipatzen dituzte.

Jende jakin bati buruz ari gara, alegia, zuzenbide-estatua onartu eta bere menpe jartzen direnei buruz, "gaitz nezesario" bezala egiten dutela esaten badute ere. Hala egiten du, esaterako, eskenatoki elektoral eta parlamentarioko "ezker" ofizial eta egituralak. Sistemaren legio erreformatzaile berrietan bildu dira gainera. Hala egin dute, halaber, "partehartzea (eta bere mekanismoak) hobetzeko beharra" proklamatzen dutenek ere. Esate baterako, "demokrazia partehartzaileaz" hitz egiten dutenek (10). Arrazoi honegatik, legekoitzea arauekiko basailutza akritiko bezala ulertzen dugu. Eta, era berean, balioen, etikaren, moralaren, pentsamentuen, instinktuen, jarreren, keinuen eta ohituren legislazio sistematikoarekiko basailutza akritiko bezala. "Zuzenbide positiboa", kontzeptu bezala, pentsamentu-askatasunaren eta prozesu kultural eta sozial espontaneo eta naturalen gainetik ezarri nahi da. Eta, ondorioz, hautespen sozial berdintzaleago eta demokratikoago baten gainetik.

Normalizazioa kasu bakar batetan har daiteke faktu positibotzat: ideologia parlamentarista oso sakon bat sufritzen den kasuetan. Adibidez, Legea kudeatzen duen edozein boterek prozesu sutil, kaltegarri eta biolentoak jariatzen ditu. Prozesu horiei buruzko ipar kritikoa erabat galdu denean, arestian aipatu ditugun "ezker" horiek normalizazioa proposatzen dute. Noski, Legea kudeatzen duen botere "demokratiko" hori bere "zuzenbide konstituzionalak" babesten du beti. Zuzenbide konstituzional horrek immutablea izan behar du. Batez ere, normalizatzen dituen kontraesan horien aurrean. Kontziente edo inkontzienteki erregimen existentearen fundamentu etikoei atxikitzen gatzaizkienean, hauxe da gertatzen dena. Kasu horietan, fenomeno ezagun bat azaleratzen da: "pentsamentu bakarra", "pentsamentu unidimentsionala" edo "integrazio ideologikoa", orain urte batzuk erabili ohi zen bezala. Horrela, absolutu eta objektibotzat onartzen dira botere dominantearen legeak eta merkatu eta produkzio kapitalistaren legeak. "Ukatea" lehenesten da "izatearen" gainetik (11), indibidualismoa lehenesten da sozializazioaren gainetik, autoritatea lehenesten da autodeterminazioaren gainetik.

Beraz, oso argi gera dadila: ikuspegi normalizatu eta normalizatzaile honen markoan, botere estabilitu batek "autodeterminazioa" eman edo onartzea norbaiten joera autodeterminatua legalizatzea besterik ez litzateke. Gure kasuan, Euskal Herriarena. Hori lortzeko, beharrezkoa da botere horren gainean presio (politiko) sufizienteki indartsu bat ezartzea. Presio horren helburua hau da: boterearen beraren estabilitate proprioa eta sistemaren estabilitate orokorra lortze aldera, normalizazio instituzional berri baten aitortza izatea botereak duen soluziorik komenigarriena.

Horregatik, ebidenteki, oso diferenteak dira aipatutako kasua eta botere aske proprio baten erdiestea, alegia, botere autodeterminatu baten erdiestea. Botere hegemonikoak auzigai den subjektuaren gainean duen nagusigoa eta determinazioa gal dezan, botere autodeterminatuak sufizienteki potentea – eraikia eta garatua – izan behar du. Hasteko, maila legalean. Horretarako, noski, ezinbestekoa da lege eta arau dominanteekiko independentzia. Esan nahi baita: botere natural bat, edo naturalki garatutako botere bat. Botere horrek subjektu sozial edo-eta indibidualaren potentzialitateen aireratze orokor eta autonomoa ekarri behar du. Botere horren oinarrian subjektuaren balio kolektiboak eta bere kulturak egon behar dute. Horretarako, mintzaira, episteme eta sistema etiko eta legal arrotzak albo batera utzi behar dira.

Bi jarrera hauen arteko desberdintasuna haundia eta kualitatiboa da: lehen kasuan, normalizazioarekin, botere eta azpibotere dominanteen kontrol-metodo batzuk eraldatu eta berbideratu egiten dira. Bigarrenean, botere dominante baten kontrol oro ukatzen da, subjektu autodeterminatuen garapen-prozesuaren baitan. Lehen kasuan, gehienez ere, autonomia formal bat erdiesten da. Adibidez, partzela instituzional berri bat erregimen parlamentarioaren baitan, soluzio tranpati federatiboren baten bidez. Bigarrenean, independentzia demokratikoago bat ahalbidetzen da. Horrela, garagarria bilakatzen da subjektu autodeterminatuaren botere herritara: autoantolaketa eta autogestio sozial, ekonomiko, kultural eta instituzionala. Hasteko, ezagugarri kultural eta biorregional espezifikoak oinarritzat hartuta (12). Gure izarbelean bost milatik gora naziok erresistitzen dute. Giza biodibertsitatearen oinarririk harrigarriena da. Hemen idatzitako guztia horietako edozein kolektibitate nazional naturali aplika dakioke.

Potentzialitate etiko, sozial, kultural biorregional bakoitzaren garapen-posibilitate espezifikorik ezean, pentsaezina da zuzenbide positibo mundial bat legitimotzat hartzea. Gaur egun, horrela inposatzen zaizkigu mota guztietako botere inperialak eta beren organismo inter-estatalak. Izan ere, ez baitira internazionalak ere!


### 3.7. Politizazio faltsua

Autodeterminazioa ADEan (autodeterminazio-eskubidean) alienatzearen beste aspektu negatiboetako bat hau da: autodeterminazio-borrokak erregimen existentearen jarraibide eta modelo politiko-instituzionaletara subordinatzen dira, kulturalki eta politikoki. Esan nahi baita, "zuzenbidezko" aspektua autodeterminazioaren aspektu erreal eta materialaren gainetik pribilegiatu ondoren, borroka politiko (13) parlamentarioari asimilatzen eta subordinatzen zaio autodeterminazioaren aldeko borroka. Pieza zentral batetatik hasten da hori: kretinismo parlamentario historikotik. Kretinismo honek erresperatagarritasun statusa erdietsi du izarbelaren eremu metropolitarrean, non-ere kontraesan sozialak apur bat leundu direla ematen baitu. Jakina, lapurreta mundialaren onura "lausoei"esker lortu da hori. Gainera, eremu metropolitar horretan beste inon baino gehiago, mass-mediek sortutako mundu birtuala, mundu errepresentatua, errealitate sozialaren eta mundu errealaren erreferentzia – eta neurri – bilakatu da. Bitartean, gure izarbelean, oso gaitz sozial larriak harrigarriki hedatuta daude: masa-miseria ikaragarri bat, gero eta hedatuagoa; soldatapeko lanaren esklabutza-forma zahar eta berriak sektore sozial zabaletan; ekosistemaren degradazio gorakor eta dramatikoa. Hau guztia harreman internazionalen brutalizatze inperialista-oligarkiko progresiboaren kontextu "legalean" ari da gertatzen. Baina guk, "zibilizatuok", egunero ahanzten dugu hau gure "politikan", eta are gehiago gure etikan.

Beraz, autodeterminazio-prozesu herritarrak ere – eta, era berean, prozesu konstituenteak – absolutuki prioritariotzat jotzen denaren arabera fokutzen eta instrumentalizatzen dira. Alegia, alderdi eta parlamentuek "politikotzat" jotzen dutenaren arabera. Noski, egoera degeneratu eta kontserbatibo honetako mintzaira dominantean, hau da politikotzat ulertzen dena: "polis"-aren kudeaketa. Duela mende askotatik hainbat opresio forma jasaten ari den herri baten eratze nazionalerako borrokan, hau ez da aspektu sekundario bat.

Honen adibiderik argiena borroka armatua da. Euskal Herria bezalako nazioek pairatzen duten opresio biolentoaren aurrean, autodeterminazio-faktu ebidente bat bezala kontsideratu behar da, hainbat ikuspuntu etikotatik kritikagarria izan litekeen arren. Adibidez, sustrai herritarrak dituen borroka armatu bat (bere forma guztietan) erregimenaren barne-borrokari subordinatzen zaionean – borroka parlamentaristari, edo borroka "politikoari", hainbat kanonen arabera izendatu ohi den bezala – abantaila nabarmena eskaintzen zaie botere dominanteei, zeintzuek prozesu sozialak beren zuzenbide eta legalitatera subordina daitezen demandatzen baitute: erregimen parlamentarioaren printzipio eta formetara. Hau da, azken batean, prozesu sozialak ez daitezela inoiz boterearekiko antagonikoak diren prozesuak izan, batez ere inperioaren gotorlekuetan.

Puntu honi buruz, interesgarria da erregimenak ETA erakundeari buruz ekoitzi duen propagandan erabili izan duen esamolde baten eduki subliminala behatzea. Independentisten "adar armatu" bezala definitzen zuten erakundea. Esamolde honen helburua insurgentzia partisanoaren autonomia politikoa ukatzea izan da fase historiko jakinetan. Noski, erakunde armatuak jokatu behar duen rola beti da diskutigarria marko sozial autodeterminantearen baitan, baina inola ere ez erregimenaren logika, etika eta boterearekiko subordinazioan, hau da, prozesu politiko instituzionaletan, eta are gutxiago kolonialisten zuzenbide positiboarekiko subordinazioan. Jarrera bera azaleratzen da mugimendu sozial, lokal eta sektorialei buruz ari bagara. Politikari instituzionalistak "benetan politikoa" den aktibitatearen morroitzat hartzen ditu mugimendu horiek. Izan ere, politika instituzionala baita, bere aburuz, autodeterminaziorako eraginkorra den bide bakarra.

Aurrerago hitz egingo dugu honi buruz, baina ez dugu ondorengoa ahantzi behar: jatorri "marxista-ortodoxoa" duten ezker erresidual horietan guztietan, "politikotzat" har daitekeenari buruzko antzeko ulerkera bat aurkitzen ahal dugu. Marxismoa doktrina eta ideologia bilakatu duen jendea da. Marxiar kritika, alegia, Marxena, amildegian hondoratu dute. Bertan, zorionez, sustrai berriak jarri dituela ematen du.

Oraingoz, azpimarratzea interesatzen zaiguna ondorengoa da: autodeterminazioaren politizazio faltsu honek, autodeterminazioa eremu parlamentaristara murrizte honek, erraldoiki murrizten du maila instituzionalean lan egiten duten "ezkerreko" antolakunde politikoen potentziala. Nahiz-eta, herritarren rolaren presuntzioa formalki salbatze aldera, prekauzio eta deklarazio aparenteki kritikoak egin, funtsean, alderdikraziaren mesedetan ari dira.

*3.7.1. Autodeterminazioa eta alderdiak*

Beste paradoxa inportante baten aurrean gaude. Pertsona batzuek eskubide legal baten aitortza bezala definitzen dute autodeterminazioa. Horrela, erregimen parlamentarioa eta zuzenbide-estatua beren interbentzioaren marko nagusitzat onartzen dituzte. Naturalki, sistemaren zenbait "defizit" berrezagutzen dute, edo "marko konstituzionala" sufizienteki "demokratikoa" ez dela onartzen dute, estilo honetako beste zenbait *delicatessen*-en artean. Alta, pertsona horiek inpotente aurkitu ohi dira beren borroka orube horretan garatu edo zabaltzerako orduan, korapilatu egiten baitira errealitate sozialaren eta "partehartze" instituzionalaren arteko kontraesanean.

Zerk eragozten die autodeterminazio herritarraren gidaritza rola jokatzea?
Autodeterminazioaren ideologiak bere baitan duen kontraesanak?
Borroka herritar radikal motaren bat izan daitekeen aldagai kontrolaezinak?
Intsumisio sozial espontaneo eta aurreikusezinak?

Paradoxa, gainera, mingarriki manifestatzen da zenbait debatetan. Debate horietan zailtasun haundiak egoten dira konpromiso sendo bat aurkitzeko, eta, hain zuzen ere, horrek izan behar luke erregimenaren erraietan (parlamentuan, hauteskundeetan eta abarretan) ekiten duen "ezkerreko" formazio politiko baten eta bere funtzio radikal potentzialaren papera. Horrek izan behar luke autodeterminazio-prozesu herritar baten sintesi posible eta errepresentazio eskenikoa. Are zailagoa da konpromiso hori aurkitzea GKEen eta zenbait mugimendu sozial "pazifista" eta "antimilitaristaren" kasuan, bai-eta mugimendu sindikalistetan ere. Mugimendu hauek, modu sutil nahiz lotsagabean teorizatzen dute normalizaziori buruz. Baina, gainera, autodeterminazio nazionalaren barrikada ideologiko berean egotearen presuntziotik.

Nahasmen ideologiko, teoriko eta politiko honen korapiloa askatzeko, beste zenbait urrats eman behar ditugu. Adibide aipagarri batekin hasiko gara: lehen Elkarri zen eta orain Lokarri den organismoarekin. Organismo honen oinarri teorikoen azterketa azkar bat egingo dugu. Organismo hau laurogeita hamarreko hamarraldiko "autodeterminazioaren aldeko" mugimendu zabal eta bariatuaren aurpegirik sofistikatuenetako bat izan da, une batzuetan oso aktiboa.

*3.7.2. Autodeterminazioa eta GKEak*

Sistemak generatzen dituen sinboloen eta mintzairaren itxurakeriak gora-behera, jakina da erregimen parlamentarioa ez dela sozietatea isladatzen, manifestatzen eta antolatzen den maila erreala. Alta, hori da erregimen parlamentarioaren helburuetako bat: sozietatea berak errepresentantzen duela pretenditzea. Kritika marxiar eta libertarioak, adibidez, fenomen hau guztia nahiko agerian jartzea lortu du aspaldidanik. Ez baita egia, ez "Mundu Ordena Berriaren" zentroan, eta ez periferian ere.

Harreman sozialen, aberastasunaren, balioen eta sinboloen produkzio erreala beste esparru batzuetan garatzen da. Esentzialki, esparru instinktiboan, esparru informazionalean eta esparru ekonomikoan (produktiboa, laborala, merkatal-kontsumozkoa, inbestigazionala, informazionala, komunikazionala eta kulturala). Bitartean, edozein estatutako gobernu-erregimenak, janzki, enkorsetatze eta forma interesatuak eman nahi izaten dizkio oinarriko azpigeruza horri, zeina kontraesankorra eta oso animatua izaten baita. Horretarako, hasieratik, deterrente armatuan eusten da erregimena: "biolentziaren monopolio antolatuan". Era berean, faktore horien guztien tentsio eta kontraesan etengabeen kontrol judizial batetan eusten da. Kontrol hori mediatikoa eta instituzional-administratiboa ere izan ohi da.

Beraz: botere-harremanak prozesu sozial, ekonomiko, kultural, sexual eta anbiental guztien funtsezko elementuak dira. Botere-harreman hauek eremu produktibo eta erreproduktibo sozialetik abiatuta sortu eta garatzen dira. Edo, bestela, eremu hauekin harremanetan. Bitartean, sistema instituzional eta mediatiko-kulturalaren ezinbesteko funtzioa hau da: botere-harreman horiek konfrontazio material eta sozialaren marko konkretutik kanpora lekualdatzea, bideratzea eta maneiatzea da. Jakina, sistemaren kontrolaren azpian dauden espazio, denbora eta kodeetara eramateko. Horrela, balio-eredu eta botere-eredu existente eta dominantea mantentzeko eta erreproduzitzeko baldintzak perfekzionatu eta haunditzen dira.

Ez dugu inoiz ahaztu behar faktu fundamental bat: erregimen parlamentarioko botere-harremanek –"botere" legislatiboaren, judizialaren eta exekutiboaren arteko dialektika aparenteak bezala – botere-subsistema bat osatzen dute. Botere-harreman hauek, gehienez ere, hiru botere horien islada deformatu bat besterik ez dira. Orain gutxi arte, asko hitz egiten zen eremu politiko-instituzionalaz, erregimenaz eta estatuaz. Alegia, super-egituraz. Gaur egungo garapen-modu kapitalistaren oinarri egituralekin eta egitura produktiboekin lotzen zen super-egitura. Sistemaren kudeaketarako, tresna "super-egiturala" inportantea da. Baina, era berean, agerikoa da sozietateen dimentsio informazionalaren kontrolerako pieza nabarmen bat ere badela, eta, beraz, sistemaren oinarri ekonomiko sozialean eragiten duela, nazio bakoitzaren osaera sozial osoan.

Edozein kasutan, funtzionatu ahal izateko, bere rola mantendu ahal izateko, super-egitura horrek marko erregulatzaile tekniko eta sinboliko espezifiko baten inposizio inperatiboa behar du. Alegia, zuzenbide positiboa esaten zaion marko erregulatzailearena eta bere forma konstituzional espezifikoarena. Zuzenbide hori honela ulertzen da: osaera sozialaren eta bere botere dominantearen (ekonomikoaren) oinarri konkretu eta existenteen erreprodukzio-exigentzien arabera. Arrazoi honegatik, zuzenbide bezala, lan sozialaren gainbalioaren jabetze eta metatze pribatuaren printzipio eztabaidaezinei erantzuten die. Era berean, jabetza- eta truke-balioarenei, eta beraz, hauei atxikitako merkatal eta finantzial legeei. Hauek dira osaera sozial existentearen oinarrian dauden ezaugarriak.

Ondorioz, denbora sozial eta indibidualaren merkatal kontrolerako zuzenbide bat da zuzenbide positiboa. Hasteko, lan-denborak (eta lan-ereduak eta lan-moduak) kontrolatzen ditu. Jarraitzeko, familia nuklear patriarkalaren erreprodukzio-denborak eta aisialdi-denborak kontrolatzen ditu. Eta, jakina, amaitzeko, gazteen hezkuntza-denborak kontrolatzen ditu. Hezkuntza estatal planifikatu eta obligatorioaren bidez egiten du hori. Hezkuntza hori erregimenak ezartzen du eta erregimenak kudeatzen du.

Beraz, sozietatearen kontraesanik haundienak konfrontazio politiko eta ideologiko parlamentarioen esparruan agertzen direla pentsatzen dutenek, ahantzi egiten dute ezen askoz ere kontraesan inportanteago eta sakonagoak daudela bere jatorrian: adibidez, jabetzaren eta lanaren inguruan aipatu berri ditugun guztiak, eta, era beran, ekosistemaren, sistema informazionalen edo-eta sistema energetikoen "erabilerari" dagozkionak. Horietan guztietan, gutxiengo batek dominatzen, komunikatzen, informatzen eta sortzen du kultura... egiaz, gutxiengo hori da ongizateaz eta botereaz gozatzen duen bakarra. *Elkarri*, beste zenbait GKE bezala, beste zenbait "mugimendu sozial" ustezko edo erreal bezala, eta, jakina, alderdien gehiengoa bezala, kontraesan nagusien gainean ezarrita dauden kontraesan sekundarioen mundu platonikoan mugitzen da.

Azken buruan, botere dominantearen dominazio etiko, ideologiko eta kulturala onartzen da. Botere dominantearen arabera, lan eta explotazio harremanetan ez da biolentziarik existitzen. Botere dominantearen arabera, askoz ere ikusgarriagoak diren beste biolentzia mota batzuen oinarrian ez dago lan eta explotazio harremanetako biolentzia hori. Adibidez, biolentzia familiarraren, judizialaren, politikoaren (edozein zentzutakoa) eta instituzionalaren oinarrian. Honenbestez, bigarren hauen esparruan normalizazioa eta baketzea eskatzen ditu, orube determinantean indarrez lanean jarraitu ahal izateko. Kalea, komunikazioa eta errepresentazio soziala ere beraienak omen dira, botere dominantearen bozeramaileek errepikatzen dutenez.

Baina, herrien eta pertsonen askatasuneranzko autodeterminazio batetarako, ezinbestekoa da kontraesan guztiak ahalik eta gehien irekitzea. Ezinbestekoa da harreman fundamentalak esaltzen dituzten karebizi geruzak ahalik eta gehien erauztea. Ezinbestekoa da instinktuak askatzea eta dominazioarekiko autodeterminazio eta intsumisio-maila material eta immaterial ahalik haundienak generatzea. Lan hau sorkortasun herritarraren irismenean dauden orube guztietan egin behar da, botere prepotentearen egitura determinantea krisira eramateko eta bere inplosioa eragiteko. Edo, hobe esanda, bere gainditzapena eragiteko. Klase dominanteek beren buruarentzako eraiki duten ezein erregimenen aurrean, behar bital bat da hau, behar ekologiko bat da. Bai erregimen militar eta dikadura zuzenetan (maskaragabetzen errazagoak) eta bai erregimen parlamentarioetan. Lehen biak efektibitate gutxikoak edo dialektikotasun gutxikoak eta inproduktiboak direnean, orduan onartzen eta garatzen du "botereak" erregimen parlamentarioa.

Paragrafo hauetan egiten ari garen bezala, autodeterminazioaren gainetik dagoen dialogo instituzionalaren lehentasuna azpimarratzeak badu helburu bat: autodeterminazio-fenomeno ororen nukleo nagusia suntsitzea. Izan ere, ondorengoa baita nukleo horren muina: kontraesan sozial errealak autonomoki bilatu eta agerian jartzea, autoafirmazio baten bidez.

Are gehiago: "dialogo" legalista horrek obstakulu-prozesuak eta balazta-prozesuak inplementatzen ditu. Prozesu horien helburuak argiak dira: lehenik, ekidin egin nahi dute antagonismo soziala modu argi batean agertzea; bigarrenik, eragotzi egin nahi dute botere errealaren harremanak benetan manifestatu eta eraldatzea; hirugarrenik, ekidin egin nahi dute autodelimitazioa eta autodisposizioa soilki botere sozializatuaren jarrera kolektibo eta naturaletatik ezartzea. Hau da, ekidin egin nahi dute autodelimitazioa eta autodisposizioa ahalik eta eduki sozial-kultural gehien bilatzetik edo osaera sozial nazional bakoitzaren ahalik eta potentzialitate herritar gehien bilatzetik eratortzea.

Pairatzen duguna bezalako egitura zapaltzaile eta explotatzaile batean, substituzioaren dialogo honen helburua hau da: alde batetatik, antagonismoen subsuntzio, asuntzio eta dominazioa, eta, beste aldetik, kontraesanen murriztea. Bere muina, praktikan, botere herritarra botere dominantearen eskutan jartzea da, hau da, bere kulturaren, mintzairaren eta terminologiaren azpian. Honekin batera, herritarrok zuzenbide positiboarekiko eta arau estabilitu eta autoritarioekiko dugun sumisioa onartzea. Autodeterminatuta egon beharrean, supradeterminatuta egotea.

Dialogoa, arma bezala balio bat ukan dezan, botere herritarraren prozesuekiko dependentea eta subordinatua den arma bat izan behar da. Beraz, ez da tresna autonomo edo bitartekari bat izan behar. Dialogoa tresna autonomo edo bitartekari bat izan dadin baldintza batzuk bete behar dira lehenik: alde batetatik, zapaltzaileari eta zapalduari, botere exklusiboari eta botere herritarrari, parekotasuna aitortu behar zaie, bai botereetan, bai eskubideetan (kasu honetan, eskubide kritiko naturalez ari gara). Beste aldetik, erregimen parlamentarioak baliozkotasun etiko, sozial eta unibertsala duela aitortu behar da. Alegia, erregimen parlamentarioak aitortu behar du ezen sistema, egitura edo antolamentu sozialaren baitan duen funtzio bakarra ez dela funtzio super-egiturala.

*3.7.3. Antolakunde "herritarren" eta "ezkertiarren" paradoxa bat*

Paradoxa honek jatorri argi bat du: erregimenaren kritika proposizio esentzialki ideologikotatik egitea, oinarri teoriko urri batetatik. Egoera hau "Herri Batasun" estiloko alderdi askotan oso ulergarria da. Alderdi horiek alderdi-forma klasikoak baino perspektiba politiko irekiagoak izaten dituzte. Ondorioz, ildo ideologiko diferenteen artean hainbat elementu taktikoki konbergente badaude ere, ez dago oinarri teoriko komunik. Gainera, alderdi "ezkertiar" askok ere, batez ere "Espainia" deitzen dioten horretan, azpigarapen nabarmena dute inbestigazio teorikoan, zientifikoan eta bestetan. Era berean, beren politiketara begiratuz gero, argi ikusten da ez direla saiatzen oinarri teoriko solidorik garatzen edo aurkitzen.

Egoera honetan, ideologizazioaren fetixeak energia kuantitate erraldoiak zurgatu ditu. "Homogeneizazio ideologikoaren" idolo burugabeak, are gehiago. Energia horiek guztiek langintza teorikora eta boluntario soziala "formaziora" bideratuta egon behar lukete. Alegia, formazio teorikora.

Jakina, ideologiek mugimendu sozialak informatzen dituzte, edo, bederen, informatu behar lituzkete. Adibidez: agitazio soziala, boluntariatu politiko eta soziala, eta korronte eta mugimendu kritikoen eratzea. Agerikoa da ezen, ikuspuntu ideologiko batetatik, gaztelarrek euskal erresuma forala konkistatu zutenetik gutxienez, gure sozietatean estatu-erregimenekiko arbuio instinktibo eta atabiko bat existitzen dela. Era berean, arbuio horretatik jaiotzen da gaur egungo "demokrazia espainiarrekiko" eta "demokrazia frantziarrarekiko" intsumisio instinktibo eta lausoa. Aitzitik, arbuio hau oso gutxitan gauzatzen da razionalitate teorikoz eta eremu politikoan. Arbuio horri razionalitate teorikoa emango balitzaio, posiblea izango litzateke kritika materialista organiko aurreratu bat eta masen aktibitate intsumiso kontsekuente, razional eta planifikatu bat formulatzea. Hau guztia ongi ulertzen ahal da baldin-eta 60etako hamarraldik aurrera gertatuaren abstrakzio bat egiten badugu: alde batetatik, ETA erakundearen sorreraren abstrakzio bat; beste aldetik, independentismoak ("askapen nazional eta soziala"/ENAM) ukan duen garapen politiko, sozial eta kulturalaren abstrakzio bat.

Mugimendu herritarren sorkuntza espontaneoa etengabea izan da. Kasu askotan, jakina, zailtasun askorekin. Horiez gain, baina, oso kasu gutxitan ikusten dira gauzatze sozial sendoki radikalak, denboran eta espazioan hedapen eta proiekzio haundia dutenak. Noski, beste behin ere esango dugu: gauzatze sozial horiek konektatuta egon behar dute dimentsio informazional hedatu eta koherente batetan. Hori ere bada teoriaren funtzioa. Gurean, desobedientzia zibil ofentsibo, orokor eta permanentea garatzen duten fenomenoak oso bakanak dira, nahiz-eta, noizean behin, manifestazio haundi puntualak gertatzen diren. Aitzitik, ekimen hauek herriaren erraietan gordeta dagoen potentziale erraldoiaren lekukotza bat besterik ez digute ematen (potentziale hori bera higatzen ez duten kasuetan...).

Euskal sozietatean, armen bidezko kritika ekidinezinaz gain, botere herritarraren prozesu radikal eta kontundenteak sortzen dira puntualki. Hauei buruz, garun-garbiketa mediatiko masiboa eragiten da, eta, hala ere, egia da babes instinktibo haundia eskuratzen dugula, batzuetan irrazionala izan arren. Honek, era berean, eskaera ideologiko indibidual eta kolektiboei erantzuten die. Aitzitik, oraindik ere, garatu ditugun tresna politikoak insufizienteak dira jasaten ditugun determinazio globalak ulertu eta gainditzeko. Arrazoi hauek direla-eta, askotan, botereak arrakastatsuki bideratzen gaitu taktika defentsibo eta erresistentetan harrapatuta gelditzera, errepresio-forma desberdinen eta agresio politiko-mediatikoaren kolpeen azpian. Gainera, sozietate nazional guztia torturaren presio psikologiko iraunkorraren azpian mantendu nahi dute (14). Hain zuzen ere, botere sozial autodeterminatuaren estrategia bat ekiditeko, hau da, botere konstituente herritarraren estrategia bat ekiditeko.

Era berean, prekauzio haundiz begiratu behar diegu "desobedientzia zibilari" buruzko zenbait teoria berriri. Izan ere, botere herritarraren expresio hau – desobedientzia zibila – borroka "politikoaren" konplementu edo tresna soil bat dela adiaraztera iristen baitira teoria berri hauek. Ez dute borroka-konstituentearen forma posible bezala berrezagutzen. Ez dute oldarkorra eta kontundentea den botere-bide bideragarri, autonomo eta konplementario bezala berrezagutzen. Beraientzat, autodeterminazioa faktu ideologiko soil bat da.

Ondorioz, autodeterminazio-prozesu radikala bere gain hartu nahi duten talde politikoek horrelako kontraesan zailen erdian aurkitzen dute beren burua. Prozesu hauek rol fundamental bat jokatu behar lukete: lehenik, erregimena ahultzeko tresna bezala; bigarrenik, erregimena krisian jartzeko tresna bezala; hirugarrenik, erregimena barnetik hausteko tresna bezala. Alta, askotan, "partehartzearen" inguruko debatearen nahasmen interesatuan diluitzen da rol hori. Edo, are okerrago, debate parlamentarioan, ikusi dugun bezala. Botereak markatzen duen bidetik arrastratzen dituzte autodeterminazio-dinamika errealak. Adibidez, "autodeterminazio-eskubidearen aitortza" sakrosantuaren "borroka" formalaren aldarean immolatzen dituzte dinamika horiek.

Mugimendu sozial eta ekintza kolektibo harrigarriei esker, prozesu konstituente instituzional baten perspektiba konkretuak ireki ahal izango dira etorkizunean. Era berean, indar politiko nazionalen arteko itun taktiko konplementario posible eta erlatiboek beren laguntza eman lezakete. Alta, gero, oso indartsua izan daiteke berriro ere atzerapausuak emateko tentazioa. Hau da, estabilimentuaren marko zuzen eta "segurura" itzultzeko tentazioa. Horrela eginez gero, autodeterminazioaren aspekturik errealenak – botere herritarrarenak – desaktibatuko lirateke. Berriro ere erregimenaren barne-dialektiketan integratuko ginateke, eta gainera iraganean baino defentsa gutxiagorekin. Hain zuzen ere, hau da "autodeterminazio-eskubidearen aitortza" den kontzepzioaren kasua. Estabilimentuaren super-egituretara berlotzeko modu ezkutu bat da.

Soluzioa?

Idazki honen irismena eta bere idazketaren kontextua kontsideratuta, hobe izango da irakurleari ondorio proprioak ateratzen uzten badiogu, traktatu ditugun puntuak oinarritzat hartuta. Hori da ekarpen honen funtsezko funtzio bat: debatearen bidez kontraesan hauen onarpen eta gainditzapenean laguntzen saiatzea.

### 3.8. Autoafirmazioa

Edozein erakunde politikok baiezta dezake herri gutxi-asko existente bat ordezakatzen duela. Adibidez, Unidad Alavesa (Arabarron Batasuna) espainiar fenomeno erregionalista efimeroa datorkigu burura. Baina, fenomeno "politiko" bat (alderdi politikoen kasuan, egiaz, alderdikratikoa) kolektibo baten autoafirmazio erreala izan dadin, benetan herritarra den manifestazio sozial bat existitu behar da. Manifestazio horrek, era berean, autoafirmazioa bere gain hartu behar du eta zerbait explizitu bilakatu behar du. Borroka eta behar sozial eta indibidualen orube konkretuan, autoafirmatzen den mugimendu herritarrik gabe ez da autoafirmazio konkreturik existitzen. Hori da autodeterminazioaren ezinbesteko elementuetako bat.

Autoafirmazioa autoafirmaziotzat har daitekeen eremu bakar bat dago: informazioaren, ezagutzaren eta boterearen orube bateratua. Alta, modu koherentean egin behar da. Orube horretan, errealitate ezagun existentea (informazioa) modu potentean baiezta daiteke. Izan ere, "botere" esaten dugunean ez baitugu zerbait abstraktua ulertzen, ez baitugu entitate global abstraktu eta dominante bat ulertzen, baizik-eta potentzialitate indibidual edo kolektibo existenteen manifestazioa eta ekintza bat. Manifestazio eta ekintza hauek berrezagugarri egiten dituena beren balio kolektiboa da. Hasteko: kulturala, linguistikoa, eta orokorrago, biorregionala! Esan nahi baita, materialki baieztagarria den fenomeno bati buruz ari gara. Fenomeno horien une oro baiezta daiteke, bizitza sozial eta indibidualaren maila orotan. Aldiz, alderdiak itzal platonikoen munduan mugitzen dira. Erregimen parlamentarioaren legearen artikuluen atzetik dabiltza beti. Alderdi batek egin edo proposatzen duenak ez du inolako afirmazio-botererik. Balio hori izan dezan, errealitate herritar aktiboarengan bermatu behar du bere burua. Errealitate horri subordinatu behar zaio. Era berean, errealitate herritar horrek bere burua berrezagutu behar du alderdi horrengan. Bederen neurri batetan edo auzi konkretu batzuetan.

Horrela ez bada, erregimenak determinatuko du errealitate herritarraren afirmazio politikoa: integrazioaren bidez edo "zuzenbidezko" prioritatearen bidez. Era berean, gauza bera gertatzen da finantzaketarekin. EA edo EAJ alderdien kasuek frogatzen duten bezala, ilusionismo numeriko elektoralki neurtuak ezin ditugu botere herritar edo "errepresentatiboaren" adibide bezala hartu. Bederen, sektore sozial materialki autoafirmatuen agerpenen gainean bermatzen ez diren bitartean. Finantzaketa horiek botere dominantearen subsistemak parteka ditzakete soilki. Gainera, botere horren mekanismoek onartzen duten eta behar duten unean eta moduan, noski. Horien aldean, irismen kuantitatibo eta numeriko aparenteki murritza duten fenomeno kualitatiboek – betiere, erregimen parlamentarioan ezarrita dagoen "gehiengoen" parametroen arabera – inpaktu politiko eta sozial determinantea ukan dezakete. Beren sustrai den errealitate sozialarekiko erakutsi duten autoafirmazio-boterearen araberakoa izango da inpaktu hori. Informazio-kualitatea eta botere-kualitatea. Ondorengoak, esaterako, esaten ari garenaren adibide dira: borroka armatua, kale-borroka oldarkorra eta desobedientzia zibil aktibo eta zorrotza.

Autodeterminazioa erreala izan dadin, potentzialitatearen eta boterearen elementu indartsuak isladatu behar ditu. Esan nahi baita: potentzialitate konkretuak ekintza bilakatu behar du – kultural-nazionala esaterako – norabide aktibo eta sozial determinatu batetan. Hau da, soziodinamikoa izan behar du, edo, arestian aipatu dugun José Obietak esaten duen bezala, errealitate soziologiko objektibo bati erantzun behar dio. Ideologiek ezin dute oinarri logiko, konsziente eta arrazoitu bat duen errealitate praktiko-teoriko bat ekidin edo sortu (teorikoa esaten dugunean, autoafirmazioaren marxiar aspektu barnekoiaz ari gara). Hori izan da espainiar nazionalismoak Euskal Herrian arrakastarik ez izatearen arrazoia. Lur hauetan bizi den inork bere burua espainiar deklaratzen badu, badaki ia sozietate osoari probokazio bat egiten ari zaiola. Guztei, salbu-eta kolonoei, kolonialistei eta ezagun ditugun okupazio-indarrei.

*3.9. Autodefinizioa*

Hau da autodeterminazioaren bigarren aspektua: autodefinizioa. Aspektu honetan are ebidenteagoa da teoria kritikoaren rola. Teoria kritikoa automatismo eta tautologia ideologikoen kontrakoa da. Hain zuzen ere, elementu karakteristiko proprioen autodefinizio bat ezin da analisi materialistarik gabe gauzatu. Analisi horrek dibagazio ideologiko eta metafisikoak baztertu behar ditu. Nazionalismoaren kasua da, adibidez. Zeren nazionalismoa ideologia bat baita. Ideologia horrekin tresna "politikoak" garatzen dira. Tresna hauek elementu ideologiko jakin batzuk erabiltzen dituzte autodefinizio "nazionalaren" oinarri bezala. Elementu ideologiko horiek "espainiartasuna", "La France", "Jaungoikoa eta lagizarra" edo arraza bezain "errealak" dira. Elementu ideologiko horiek materialki inexistenteak diren herrien existentzia definitzen dute.

Autodefinizioak definizio eta afirmazio teoriko eta ideologikoez harago joan behar du. Autodeterminazio-elementu erreal bat izan behar du. Horretarako, ezagutza eta potentziale sozialaren (autoafirmazioaren) elementu espezifikoagoak eta konkretuagoak barnebildu behar ditu. Elementu hauek faktore edo potentzialitate erreal oso definituei erantzun behar diete. Elementu hauek ez dira alderdi batek egindako afirmazio ideologikoak; ez dira pentsamentu-korronteak; ez dira dialektika sozial konkretuan errorik ez duten mugimendu sozial interklasistak (alemaniar nazional-sozialismoa edo beste hainbat faszismo nazional bezala). Autodeterminazio-elementu errealek beren oinarrian zerbait sakonagoa dagoela erakutsi behar dute. Horregatik, autodefinizioa, arestian azaldu dugun autoafirmazio edo autoberrezagutza soil eta originala baino osatuagoa eta aurreratuagoa da.

Autodefinizioaren ideologizazioa eta bere ondoriozko autodeterminazioa noraino irits daitezkeen jakiteko, Wilhelm Reich-en faszismoaren jatorriaren analisia berrirakur genezake. Bera da, probableki, Marx-ekin batera, pentsamentu ideologiko eta hegemonikoak gehien gorrotatu duen teorialaria. Bere lana berrirakurriko bagenu, ondorengoa ikasiko genuke: ideologia neurosi sozial eta indibidual bat dela eta ideologiaren oinarrian izurri emozional bat dagoela (gaur egungo faszismoa). Ideologiak eta bere izurri emozionalak irismen haundiko fenomeno sozialak – eta mugimendu sozialak! – eragin ditzakete. Baina, era berean, pertsonen eta herrien autodeterminazio-prozesuei erabat kontrajarriak dira!

Autodeterminazioaren lau isurialdeen artean, botere sozial nazionalaren konkrezioa autodefinizioan manifestatzen da modurik argienean. Beste hiruetan baino argiago. Alegia, arestian ikusi dugun autoafirmazioan baino argiago, eta aurrerago ikusiko ditugun autodelimitazioan eta autodisposizioan baino argiago. Gutxienez giza-sozietate honetan, zeina klaseen banaketa eta kontraposizio ekonomikoan oinarritzen baita. Jakina, horrek ondorio bat ekartzen du. Gure historiako azken hamarraldietan (orain gutxi arte) ikusi dugun bezala, "sozialaren" eta "nazionalaren" arteko bat egiteak soilik ahalbidetu du autodeterminazio prozesu orokorrean aurrera egitea. Bat egite horrek, era berean, berehala geldiarazi du aurkako prozesua, alegia, deskonposizioa edo etnozidioa esaten zaiona.

Adibide gertuko eta konkretu bat jarriko dugu. Alderdi batek hizkuntza har dezake herriaren autodefiniziorako oinarri bezala. Alta, ezinbestekoa da hizkuntza hori borrokaren ardatz kolektibo bezala hartuko duen mugimendu herritar erreal bat existitzea. Hori gabe, determinazio hori ideien oruean gelditurik litzateke, futuriblearen oruean. Horrela gertatu izan da eta gertatzen jarraitzen du ez hain urruneko zenbait herriren kasuan. Euskal Herrian, ETA erakundearen sorreraz gero, berreuskalduntze (euskaraz berralfabetatze) mugimendu herritar bat bultzatu eta sortu zen. Era berean, euskararen aldeko borroka sozial konkretu bat garatu duten organismo herritarrak sortu ziren. Hala izan ez balitz, erakunde armatuaren edo alderdien "autodeterminazio" aldarriak edonolakoak izanda ere, gaur egun ez litzateke autodeterminazio-prozesu erreal euskaldun bat existituko. Ez genuke Euskal Herriaren autodefiniziorako oinarri sendorik ere izango. Euskaldunon osaera soziala oso kontraesankorra eta borrokalaria da. Horrelako osaera sozial batek autodeterminazio-prozesu oso konkretu bat behar du, autodefinizioaren borroka kolektiboan oinarritua.

Herri asko desagertu dira eta desagertzen jarraitzen dute, nahiz-eta hizkuntzaren berreskurapenaren borondate ideologiko eta indibidualistak existitu. Desagerpen horien arrazoia botere herritarraren prozesurik ez egotea izan da. Orain arte, gurean, hauek izan dira unean uneko botere herritarraren prozesu zenbait: ikastolak (herri-eskolak), AEK-Korrika (alfabetizazio herritarra), EHE, Egunkaria Sortzen (lehen egunkari nazionala), mota guztietako kontzentrazio herritarrak eta abar. Zuzenbide positiboak edo arauek ezin dituzte botere-prozesuak ordezkatu. Ideologiek, are gutxiago. Ez dago autodefinizio errealik botere herritarraren prozesurik gabe.

### 3.10. Autodelimitazioa

Autodelimitazio bat territorialki, sozialki eta ekonomikoki onargarria izan dadin, lan politiko baten oinarria beharrezkoa da. Lan politiko horrek, era berean, osagai batzuk behar ditu: botere herritarra, organismo eta mugimendu herritarrak eta borroka sektorial espezifiko eta oso konkretuak. Espainiar *hueste*-ek Euskal Herria "balkanizatu" arte (15) itxaron behar al dugu hau ulertzeko?

Espainiar botereak, gradualki, zenbait neurri har litzake. Adibidez, bere garaian Jauregi-k eta Karadžić -ek PSOE alderdiari eman "jarraibideak": xingola urdinaren mugimendu ideologikoa garatu eta "defentsa-taldeak" eratzearena (baieztapen literala da, hobe ez ahaztea!). Edo, beranduagoko kasu bat, Ermuko Foroaren estrategiarena (espainiar nazionalismo kolonialistenaren foroa). Espainiar botereak, prozesua ohiko moduetan kontrolatzea lortuko ez balu, neurri hauek garatuko lituzke. Gaur egun, kontrolerako ohiko moduak erabiltzen ditu: infiltrazio eta dinamika mediatiko, parlamentario eta alderdikratikoak. Edo, salbuespen bezala, "demokratikoki" kontrolatutako referendumak.

Autodelimitazioa ez da eskubideen berrezagutza bat. Autodelimitazioa ez da kanpotik egiten den aurreonarpen bat. Mapa bat, botere-faktuekin lotuta ez badago, ez da ezeren oinarri konkretua, sinatzen diren traktatu eta itun internazionalak direnak direla ere. Era berean, mapa bat ez da egoera sozial baten, edo egitura sozial baten onarpen pasibo eta definitiboa, gaur egun gertatzen den bezala.

Delimitazioaren aspektu geografikoaz hitz egiten badugu, Euskal Herriaren mapa "klasikoa" dugu, edo Krutwig-en "Euskaria" ("Vasconia", 1963) liburuko mapa, zeinak Euskal Herriaren lurralde zaharragoak barnebiltzen baititu. Alta, Madrid, Paris, Berlin eta Washington ez leudeke hauek onartzeko prest zehazki. Mapa bat ideologia bat bezalakoa izan daiteke: intuizioen eta sentsazioen islada bat, informazio eta erreferentzia zahar edo berrien islada bat, errealitate sozialarekin eta gaur egungo egoera konkretuaren analisiarekin loturarik ez duena. Zenbat mapa zentzugabe eta basati ez ote dituzte marraztu europearrek milaka eta milaka nazioren aurka! Afrikarrak, ekialde-hurbilekoak edo-eta amerikarrak... Horren guztiaren adibide beldurgarri bat Kurdistaneko kasua da. Mendeak dira "potentzia" guztiek Kurdistaneko mapa nazionalari kasurik egiten ez diotela. Mapa horrek 40 milioi kurdu ukitzen ditu. Seguru aski, izarbelaren alde honetako estaturik gabeko nazio inportanteena da, lau mapa-estatu inperialen artean banatua!

Aipatu berri dugun Kurdistaneko adibideak ongi ulertaraz diezaguke gauza bat: autodelimitazioaren kasuan ere, zuzenbide positiboa eta ideologia ez direla auzia konpontzeko gai. Ez dago autodeterminaziorik botererik gabe, behin eta berriz ari gara hau errepikatzen, eta lurralde-auzian ere ez dago salbuespenik. Are gutxiago botere politikoaren oinarrizko beste auzi batetan: auzi militarrean. Ez baita auzi hau ETA erakundearekin amaitzen...

ADEa (edo lurralde-batasuna) demandatzea denbora eta energia galdua da, baldin-eta azpitik – eta gainetik – borroka herritarren prozesu bat ez badago. Borroka herritarraren prozesu hori asko desberdintzen da borroka elektoralekin, propaganda kanpainekin, borroka eta manifestazio ideologikoekin eta besterekin. Borroka herritarraren prozesu horren baitako borrokek modu irekian agertzen dute faktore nazionala, aktibitate sozial nazionalaren lurralde osoan. Hau ulertzeko beharrezkoa da sakoneko kritika bat egitea zenbait talderen pseudo-internazionalismoari. Talde hauek *ad hoc* organismo "herritarren" bidez ekiten dute Euskal Herrian. Autodeterminazio nazionala distortsionatzen dute, ezkertiar bildots-larru dirdiratsuz mozorrotzen diren bitartean. Beraiena ezkertiarkeria ideologiko soila da. Gainera, egitura parlamentaristakoa. Korronte ezkertiar, ekologista, "internazionalista" ezagun askoren kasua da hau. Arlo territorial honetan hobe azal gaitezen, adibide labur bat jarriko dugu, Bardeetako borrokarena, zeren-eta borroka hau alderdi ez prezisuki independentisten "esku" utzi baita. Bada, gertaera hau aipatzen ari garen gaixotasun ideologizista horren erakusle argi bat da.

Idazki honetan, modu marginal batetan bakarki landuko dugu auzi hau, baina, osaera sozialaren egiturari buruz ari garenean ere, autodelimitazioari buruz hitz egin behar dugu. Bistan da, garapen, ezagutza eta aldaketa mailaren arabera eta herrialdeko sektoreen (klase edo arlo sozialen) arteko harremanen arabera. Harreman horiek baitira, azken buruan, borroka nazionalaren eta borroka sozialaren arteko harremanari dagozkionak. Eta, era berean, sozialista-iraultzaile bezala definitzen diren prozesu eta antolakundeen eduki eta inpaktu erreal sozialei dagozkienak (ez ideologikoei soilki). Adibidez, ETA erakundeari.

Beraz, autodeterminazio nazionalaren prozesuaren aurrerapenak, eta, noski, prozesu kontituente nazional batenak, bere garapen teorikotik hasi behar du. Esan dezagun, bide batez, gu hemen egiten ari garena ez dela garapen teorikoa. Baina, esan bezala, prozesuaren aurrerapena garapen teoriko horretatik has dadin, aspektu sozial guztiak – sektore-borrokak, mugimenduak, sindikatuak, organismoak – ahalik eta modurik zuzenenean integratzen dituzten taktika eta estrategiak erabili behar dira. Soilki horrela lortu ahal izango da opresio nazionalarengandiko askapenaren aurrerapena. Honek, autodelimitazioari buruz ari garela, ondorengoa esan nahi du: osaera sozialean, progresiboki onargarriak diren faseak, markoak, formak eta kontraesanak berrezagutzen eta delimitatzen jakitea, lortu den edo lortu nahi den determinazio-gradu bakoitzaren arabera. Marxiar modu klasiko batetan esanda: klase-borroka eta askapen nazionalaren borroka elkarren beharrei egokitzen jakin behar da. Eta egokitzeak ez du inoiz ignoratzea edo instrumentalizatzea esan nahi, ematen duenez orain gertatzen ari den bezala.

Honen guztiaren esanahia azalduko dugu. Adibidez, esfortzu elektoral jakin batzuk sistematikoki lehenesten baditugu – ideologikoak edo oportunistak diren aliantzak edo batasunak – eta prozesu, mugimendu edo organismo herritarren gainetik jartzen baditugu, epe ertain eta luzera jokua egiten arituko gatzaizkie estatu hegemonikoei eta beren bostgarren zutabeei. Hau da, mugimendu autodeterminista erreal eta sakonekoa ahulduko dugu. Autodeterminazioa erreala izan dadin, zuzenbidearen, parlamentarismoaren eta alderdikoikeriaren aurretik progresatu behar du botere herritarrak. Alde batetatik, lurralde-auzian, zeina Euskal Herriarentzat oinarrizkoa eta arras konplexua baita. Beste aldetik, osaera sozialaren oreka-egoera presente edo onargarriaren auzian ere bai.

## 3.11. Autodisposizioa

Honela dio Obieta jesuitak: "Herri orok, giza-talde antolatu bezala, nezesarioki ukan behar du bere burua gidatzeko ahalmena, eta, era berean, bere helburu eta hobebehar proprioetara bideratutako erabakiak hartzeko ahalmena". Bi fazetak osatzen dute kuadro hau. Barne-autodisposizioak eta kanpo-autodisposizioak.

Barne-autodisposizioa: kolektibitate batek bere buruari nahi duen gobernu-erregimena emateko duen ahalmena.

Kanpo-autodisposizioa: herri batek, gainontzeko herri eta estatuekin duen harremanean, bere status politikoa bere kabuz determinatzeko duen ahalmena. Praktikan, gaur egun, ahalmen hau estatu-forma proprioaren auzira murrizten da oraindik ere (gobernu-erregimenaren auziaz gain).

Puntu honetara iritsi garelarik, merezi du autodeterminazioaren etsairik haundienetako batengan atentzioa jartzea: ideologia stalinistaren edo kripto-stalinistaren zurtzengan. Ideologia hori da "marxismo ortodoxo" izendatzen denaren oinordekoa, bere korronte eta bariazio guztiekin: errebisionistak, eurokomunistak, gauchistak, internazionalistak, hirugarren/laugarren internazionalistak eta abar, eta abar, eta abar. Euskal Herriko kasuan, proletariatuaren kritika antinazionalistaren oinordeko bakartzat jo izan dira.

Orduan, zein da beraien planteamentua herrien autodisposizioari buruz, eta, orokorrago, herrien autodeterminazioari buruz?

Beren burua definitzean, langileen interes internazional ustez egiazkoak defendatzen dituzte, beren aburuz "zatiketa" nazionalen gainetik egon behar luketen interesak: internazionalismo ideologiko bat. Funtsean, gainera, inter-estatalismo huts bat, estatuaren eta nazioaren arteko konfusio antimaterialista klasikoarekin. Esan dezagun, bide batez, herri hau dela, gaur egun, langile klase globalaren errealitateari buruzko marxiar teoriarik aurreratuena duen herrialdea, marxisten eta marxiarren artean bertan! Are gehiago XXI. mende honetan, milaka hedapen nazional (ez estatal) desberdinak kontuan izanik.

Horregatik, horrelako mugimenduak anti-nazionalista bezala definitzen dute beren burua, baina, izatez, nazionalismo estatalista espainiarraren ukitu nabarmena dute. Hori da PCE/IU, MCE eta abarren kasua. Ustez internazionalista den ikuspuntu honek, kasu gutxi batzuetan, oinarri teoriko oso garatu eta argumentatuak izan ohi ditu, ekonomizismo marxista zaharraren ildotik nagusiki. Honek kritika-lan oso zehatz bat eskatuko luke berriro ere, neurri batetan ezker abertzale sozialista iraultzaileak orain urte asko jada egin zuena. Gaiaren fenomenologiara mugatuko gara, joera ideologiko hauen eta erakunde hauen rol anti-autodeterminista sutila agerian uzteko.

Explizituak izate aldera, ulertzen zailena den kasuari buruz hitz egingo dugu: Komunistak taldearen oinordekoen kasuari buruz (hori baitzen beraien izena ETA erakundetik egotzi zituztenetik). Korronte hau nahiko aktibo dago oraindik Ezker Abertzalearen baitan: unibertsitate kolonialetan, hedabideetan eta abarretan. Kasu honetan, agerikoa da autodeterminazioaren aldeko diskurtsoa "ADEaren aitortzaren" gaira mugatzen dutela azken buruan. Joera politiko honen aktibitate asko botere herritar radikalaren prozesuak desaktibatzera bideratu izan da. Batez ere autodeterminazio nazional argi bezala expresatzen eta manifestatzen ziren prozesuak desaktibatzera.

Euskal autodeterminazio nazionalak bere orube espezifikoa du. Orube honetan txertatzen zen aukera sozial asko antolatu izan da. Okertzeko beldurrik gabe, aukera hauetako askori Komunistek torpedotze-lan sistematiko eta sutil bat egin diotela esan dezakegu. Arlo kulturalean, ekologistan, politikoan, langilean, internazionalistan eta abarretan. Horrela, "ezkerra vs. nazionalismoa" ardatzean kokatzen zen konfrontazio ideologiko faltsu bat behartu nahi izan dute, gutxi-asko esplizitua. Kanpoko mugimendu sozial espainiarretara bideratutako eustormak osatzen zituzten, zuzenean kanpo-hegemonia espainiarra proposatzen ez zutenean. Egin ere, horrela egiten baitzuten zenbait arlotan (Insumisión/MOC, AEDENAT-CODA-Ecologistas en acción, Greenpeace, FMI-ari buruzko gai internazionaletan, Nikaraguari buruzkoetan eta abarretan). Zentzu honetan, beren presentzia ideologikoa partikularki aktiboa izan da gure hedabideetan, azken boladan ardatz difuminatuagoen gainean izan bada ere.

Beren aktuazioaren gidalerroa botere-edukien eta autodeterminazio-edukien desaktibazioa izan da, prozesu guztiak "ezkerra vs. nazionalismoa" debate ideologikoaren dialektika faltsuan txertatzeko helburuz. Gainera, autodeterminazio armatuaren kontrako lan oso sutil bezain jarrai bat egin dute. Bataila ideologiko eta organizatibo guztiak norabide horretan zihoazen. Horrela azal daiteke erregimen parlamentarioaren prozesu eta dinamiketarantz egin duten berrintegrazio progresibo eta ekidinezina.

Herrien autodisposizioa onartezina da stalinismoarentzat, bere bertsio guztietan: *light* bertsioan, *hard* bertsioan, *soft* bertsioan, *camuflage* bertsioan edo XXI. mendeko igitaiaren eta mailuaren bertsioan. Azken buruan, sakoneko eta irismen haundiko lan bati buruz ari baikara. Lan honek, orain arte, kalte nabarmenak eragin dizkio askapen-prozesuari. Hein batetan, zenbait sektore independentistak politika hauekiko ukan duen oportunismoagatik eta itsukeria parlamentaristagatik. Hain zuzen ere, ideologismo jakin bat da itsukeria honen jatorria. Ideologismo honek, bere burua erreproduzitzeko, korronte hauekin neurtzea onartzen du, eta, ondorioz, gaizki formulatutako "ezkerra vs. nazionalismoa" ilusio kontraesankorra onartzen du. Horretarako, noski, ideologia marxistaren bat erabiltzen du, konbenientziaren arabera beti ere.

## 4. AUTODETERMINAZIOA BOTEREA DA

Behin eta berriro errepikatzen ari gara: askapen nazionalerako borroka bat garatzen denean, akats politiko larria da borroka hori "autodeterminazio-eskubidearen aitortzaren" ardatzean zentratzea. Kontuan ukan behar da oinarrizkoa dena ez dela eskubidea, baizik-eta botere autodeterminantearen faktua. Hau da: bere existentziaren konszientzia hartzen duen kolektibo horren potentzialitate errealaren garapen eta manifestazio konkretua. Eta hau ongi ulertu behar da. Ez dugu esan nahi "eskubidearen aitortzaren" aldeko borroka baztertu behar denik. Onargarria da, baldin-eta aspektu hau autodeterminazio-prozesuaren fazeta bat gehiago bezala sortzen bada eta prozesu horren dinamika materialarekiko azpiratuta mantentzen bada.

Hau da, borroka hori erabilgarria da kasu hauetan: autodeterminazioa baztertu eta konbatitzen duen etsai baten aurkako ekimen politiko eta ideologikoetan, eta, era berean, espektru zabaleko borroka politiko baten parte osatzaile denean, propagandan nahiz borroka politikoan. Kasu hauetan parlamentua ere borrokaren orube bat gehiago kontsideratuko litzateke. Aitzitik, zuzenbide-erregimenaren eremua lehenesten duen autodeterminazio-borroka bat porrotera bideratuta dago. ADEa, arma taktiko soil bezala erabili beharrean, bere estrategiaren erdian jartzen duen borroka bat porrotera bideratuta dago. ADEak ez du balio prozesu konstituente baten oinarri izateko, eta prozesu konstituente instituzionalista sinple baten oinarri izateko ere ez.

Autodeterminazio (AD) baten alienazio formalista honek, ia beti, autodeterminazio-prozesuaren edo prozesu konstituentearen aspektu sozialak desagerrarazi eta konbatitzeko balio izaten du. Kasu horietan, osaera sozialaren kontraesankortasun-ildoak agertzen dira autodelimitazioan, eta ez dira onartzen. Orduan, autodeterminazioaren gainontzeko dinamiken kontextuan bultzatzen diren klase-borrokak eta borroka sozialak desaktibatzeko, mugimendu sozialen energiak botere-harreman eta botere-mekanismo dominante edo tradizionaletara bideratzea hobesten da.

Arrazoi honegatik, antieuskaldunak eta antidemokratikoak direla hainbat eta hainbat alditan erakutsi duten alderdiek, IU alderdiak urtetan egin duen bezala, ADEaren aitortza babestearen luxua onar diezaiokete beren buruari. Eta arrazoi beragatik, espainiar eta europear botere oligarkikoari lotutako alderdiek, EAJ alderdiak bezala, ADEa nahi dute, baina soilki borroka radikaletatik – eta partisanoetatik – aldentzen den AD bat bada. Baina noski, Euskal Herrian, borroka radikal hauek izan dira, ia beti, *de facto* ezarritako autodeterminazioaren adierazpenik argienak.

Politikari hauek ideologia euskal nazionalista dute, baina, gehiegitan, erabateko espainiar praxia. Horrela, beraiekin batera arrastratzen dituzte beren oinarriak, eta gainera, oinarri hauek ez daude oso ideologizatuta faktu nazional errealarekiko. Politikari horiek konsziente dira ezen autodeterminazioaren eta botere herritarraren arteko harreman egoki bat dela prozesu independentistarako dialektikarik potenteena. Horregatik egiten diote aurre.

Horrek guztiak zerbait ekartzen digu gogora. Edozein oinarri ideologikok, eta horien artean nazionalismoak ere, politikoki defendatzen dituen helburuekiko erabat aurkakoak diren helburuak berma ditzakeela. Hau da ideologiaren ezagugarrietako bat. Horregatik, jarraian egingo dugun baieztapenean ez dago kontraesanik: nazionalismoa eta independentismoa elkarren aurka egon daitezeke. Are gehiago, horrela egon dira une erabakigarri askotan!

Oinarrizkoa da "botere/zuzenbide" harremanaren bihotzean sartzea. Oinarrizkoa da normalizazioak eta zuzenbide positiboak autodeterminazio-prozesuen aurka betetzen dituzten funtzioak dominatzea. Gaur egungo erregimen oso garatu eta oso sofistikatu honetan, soilki modu honetan gara daiteke dinamika demokratiko erreal bat, prozesu soziodinamiko bat (16). Izan ere, inoiz ezagutu den erregimenik onenaren aurrean baikaude: onena, gutxiengo batek sozietatearen gehiengoaren gainean duen dominazioa instituzionalizatzen, noski. Bai eraginkortasunez, bai sendotasunez.

Bide horretatik abiatuta, askatasunaren kontzeptua bera ere aska dezakegu zorigatzezko ideologizaziotik, bere potentziale material guztia berreskuratu ahal izan dezan. Soilki modu honetan eraiki ahal izango dugu bizitzeko guztiok behar dugun nazio askea, benetan askea. Askatasuna ez da zuzenbide batetatik eratortzen. Askatasuna ez da botereak ematen dion berrezagutzatik eratortzen. Alderantziz: potentzialitate, proiektu, desira eta instinktu proprioen egite autonomotik eratortzen da. Askatasuna botere-harremanetan manifestatzen eta ebazten da, ez zuzenbide-harremanetan! 1993an (idazki honen lehen zirriborroaren idazketa-urtean) adiarazitako tesi horietatik dedukzio argi bat egiten ahal da: Etorkizuneko Giza Akordioak (EGAak) bataila semiklandestino bat ireki zuen demokraziaren ideia herritar eta abertzale bat berreskuratzeko. Ideia hau euskal politikari askoren azaleko adiarazpenek erakusten dutena baino askoz harago doa. Politikari hauek zentzu parlamentario batekin erabiltzen dute orain "demokrazia" terminea.
Hau guztia, gure iritzian, agertzen hasi baino egin ez den sakoneko olatu bat da. Olatu hau sintonian dago antzeko beste zenbait prozesurekin. Prozesu horiek nabariak dira beste herri askotan. Balio berri batzuen eta etika sozial berri baten adiarazpenak dira. Olatu hori garapen-sistema honen eta bere erregimen instituzionalaren gainditzapenerako bataila berrabiaraztera bideratuta dago. Izan ere, sistema eta erregimen hauek ez baitaude herrien eta pertsonen askatasunera "egokituta". Ez daude egokituta, halaber, legeaz gaindiko justizia sozial batetara, ez-eta gure izarbeleko ekosistemaren biziraupenera ere.

# 5. BOTERE HERRITARRA: AUTODETERMINAZIOA, INTSUMISIOA, DESOBEDIENTZIA ZIBILA

Demokrazia botere-harremanen garapen-prozesu bat da. Hau da, prozesu soziodinamiko bat da, autodeterminazio kolektibo, pertsonal eta nazionalean zentratua. Horrela, Euskal Herriaren berreraikuntzaren fase honetan, progresiboki, tresna kritiko posible guztiak garatu behar ditugu, gaur egungo zuzenbide kapitalistaren gobernu eta estatu kontzepzioak gainditzeko.

Lan teoriko eta kultural horrek kontzeptu elektoral formal eta kuantitatiboen kritikarako balio behar du. Hasteko, gehiengo eta gutxiengoen kontzepzioaren kritikarako. Hau da, hauteskunde periodiko alderdikratikoen ideologia absolutistan oinarritzen diren prozesu politikoak gainditzeko. Eta, jakina, honek guztiak dakarren "parlamentuen" dinamika patologikoa eta bere lobbyismoak gainditzeko. Eta, ondorioz, "zuzenbide positibozko" estatu zentralista baten boterearen eratorpen eta banaketa formalak gainditzeko.

Hau guztia beharrezkoa da, bi helbururekin. Alde batetatik, alderdiei sozietatearen hegemonia politikoa kentzeko. Beste aldetik, alderdi horiek baldintzatzen dituzten gutxiengo sozial proprietarioei botere ekonomiko, informazional eta komunikazionalaren kontrola kentzeko. Demokrazia errealaren eta botere herritarraren baldintza edo manifestazio beharrezko bat da. Helburua: dinamika kultural kolektibo, sozializatzaile eta askeak berreskuratzea. Alegia, dinamika autodeterminatuak berreskuratzea.

Debate teoriko eta politikoarekin batera doan botere-dialektika honekin helburu asko erdiets daitezke: ideologien esterilitate soziala gainditzea; "iritzi publiko" gaizkiesaten zaionaren pentsamentu-homogeneizazioa ordezkatzea, formazio kritiko, experimental eta dibertsifikatu baten bidez; estabilimentu kultural eta akademikotik diktatzen diren doktrinak gainditzea, inbestigazio-saiakera sozialen eta ikaskuntza-debate irekien bidez. Azken buruan: etika eta kultura askatzea. Normalizazioaren kateetatik. Merkatu-balioen kateetatik. Botere hierarkiko, patriarkal eta ekonomizistaren sinbolo eta paradigmen kateetatik.

Ildo horretan, aipatutako puntuen arteko lehenari buruz urgenteki hausnartu behar genuke: gutxiengo-gehiengoen auziari buruz. Auzi hau determinantea da zenbait gai proposatzerako orduan. Adibidez, Euskal Herriaren Hegoaldean referendum instituzional bat proposatzerako orduan. Edo biltzar nazional konstituente bat proposatzerako orduan.

Egiaz, arrisku bat dugu: propaganda-sondatzeen eta soziometria botokratikoaren dinamika gaiztoan korapilatzea. Dinamika hau sakonki dominatzen dute merkatu-legeek eta merkataritza parlamentarioak. Eta, hauekin batera, mass media inperio omnipotenteek. Inperio hauek beren informazio, mintzaira, balio eta ideologiak hedatzen dituzte sozietatean. Ahaztu egiten dituzte botere herritar erreala eta mugimendu sozial errealak, hauek ez baitute gutxiengoen eta gehiengoen algebraizazio batetarako balio.

Erregimenak bere erreprodukzio proprioa faboritzen du. Mekanismo politiko, kultural eta elektoral patologikoen bidez egiten du hori. Mekanismo horiek sozietatearen gobernua bermatzen diote gutxiengo bati: boterearen eta norabide bakarreko komunikazioaren profesionalei. Horren aurrean, prozesu herritar aktibo, bideragarri eta efektiboak ezarri behar ditugu, gehiengo eta gutxiengoen kuantifikazio interesatu horiek gainditzeko. Izan ere, abstraktuak eta formatatuak baitira, telegidatuak, eta gainera oso gerontokratikoak beti, gaur egungo eredu botokratikotik ikasi dugun bezala.

Erregimen parlamentarioaren logika gaiztoa ezin daiteke dialektika ilusorioki demokratiko baten bidez eraitsi eta ordezkatu. Dialektika horrek ezin du soilki edo nagusiki aparatuaren barnetik lan egitera bideratuta egon. Izan ere, aparatu hori bera botere herritarra konbatitzeko edo desaktibatzeko konstituituta baitago.

Zirkuitua itxita dago: "hauteskundeak – parlamentua – alderdiak – kanpaina elektoralak – iritzi publikoaren eratzea – zuzenbide positiboa". Zirkuitu honen mekanismoak ahultzen ahal dira. Baina, ezin dira ezgaitu, baldin-eta autodeterminaziozko prozesu soziodinamiko orokor bat ez badago, hau da, botere herritarraren garapen hazkor bat ez badago. Intsumisio eta desobedientzia zibil orokortu eta oldarkorretik egin behar da hori. Behar izanez gero, agresibitate herritar antolatuaren forma materialki garatuenak erabiliz. Beti, prozesu konstituenteen norabide estrategikoan. Prozesu konstituente horiek interaktibitate sozial iraunkorra areagotzeko mekanismo solidoagoak sortu behar dituzte.

Lan hori guztia eraikuntza nazionalaren balio eta etiken gainean egin behar da beti, "klase" borrokaren edo eremu sozialen markoa determinatzen edo delimitatzen den heinean, arestian azpimarratu bezala. Marko horrek koherentea izan behar du osaera sozial bakoitzeko prozesu osoarekin. Beraz, gaur egungo etikarekiko antagonikoa den etika bat behar da. Gaur egun, "politika" esaten zaion partehartze-boterearen subaktibitate dominante horrek badu bere etika. Etika horren oinarriak hauek dira: ohitura, lege eta balio indibidualista eta merkantilak, eta, gainera, komunikazio eta informazio monopolista batzuen zuzendaritza. Azken hau pieza zentral bat da botere dominantearen gainontzeko subsistemen artean. Bere helburua hau da: botere dominantearen hitzaren, kulturaren eta balioen hedapen eta inpregnazio orokorra.

Existitu izan dira ezagugarri soziodinamiko argiak ukan dituzten experientzia historiko zenbait: Lemoizko zentral nuklearraren kontrako borroka harrigarria; auzo eta herri askotan NATO-ren kontra aurrera eramandako borrokak; berreuskalduntze-borroka sozial jada klasikoak. Edo, adibide gertukoagoak jartze aldera, armada okupatzaileekiko intsumisioaren orokortzea, eta, era berean, gazteen errebolta-okupazio bikain hori. Okupazioaren gaia beti dago latente gazteen artean, etxebizitzaren jabetza pribatuaren eta espekulazio urbanistikoaren aurka. Experientzia hauek guztiak askoz ere gehiago aztertu eta garatu behar lirateke. Experientzia hauek guztiek oso modu kontundentean maskaragabetu dute erregimenak erabiltzen duen "gehiengo" konstituituen dialektika.

Ondorioz, modu irekian adiarazi eta komunikatu behar dugu pentsamentu kritiko hau. Gutxiengo dominanteen diktadura moral, teoriko eta kulturala defentsiban jartzea lortu behar dugu. Autodeterminazio prozesu ireki batetan, ez dira justifikagarriak hainbeste isilune, beldur eta neurrikeria, gure herrian askotan ikusten dugun bezala. Hauxe baita pentsamentu kritiko, radikal eta autodeterminatuaren funtzio etikoa: bere minorizazioaren mekanismoekin kontundenteki moztea, eta ez psikologikoekin bakarki.

## 5.1. Demokraziaren oinarri erreala: botere lokala.

Eraikuntza nazional demokratikoaren printzipio hauek – edo, 1994ko EGAak proposatzen zuen bezala, ekosistemaren garapen demokratikorako printzipio hauek – sinpleak eta naturalak dira. Printzipio hauek egia bihurtzeko, beharrezkoa eta ezinbestekoa da botere lokalaren aldeko apustu teoriko eta praktikoa. Kontrol estatalarekiko disgregazio-gradua areagotzeko bidean, botere lokal horretan existitzen eta garatzen dira baliabide nazional egokienak (udalartekoak, adibidez). Azken buruan, dinamika – auzolan – hauek guztiak oso lotuta daude kolektibitate naturalen orubera. Posibleki, horiek izan dira, gure herriak etengabeko inbasio eta azpiratze kolonialak jasan dituen milurteotan, zibilizazio honen biziraupena ahalbidetu duten iturri eta aingura determinanteak.

Alde batetatik, praktikan, prozesu herritar konkretuak gaur ere existitzen dira, eta, gainera etengabe sortzen ari dira. Hainbat gairen inguruan sortzen dira: bizitzetxea/anti-etxegabetzeak, okupazioa, festa, gazteria, ekologia eta abar. Prozesu hauek botere herritar explizituaren motore edo erreferentziak errepresentatu ahal izateko oinarriak ezartzen dituzte, edo, gutxienez, oinarri horiek ezar ditzakete. Beste aldetik, teorian, experientzia hauen guztien arteko lotura, prozesu eta konkrezioak gara ditzakegu. Era berean, maila nazionalean edo globalean ireki diren borroka orokorragoekin lot ditzakegu eta borroka zabalago horiek lokalki ere aktiba daitezke.

Hori da, adibidez, prekaritatearen eta pobreziaren kontrako borrokaren kasua. Ardatz internazional bat sortzen ari da, soldata edo errenta sozial unibertsal baldintzagabe baten alde. Eta, era berean, laneko denbora indibidual eta kolektiboaren berjabetze eta berbanaketa baten alde, bizitzetxearekin eta aisialdiarekin harremanetan. Are gehiago, gero eta aukera gehiago dago borroka hauek, lokalki, intsumisio instituzional batetan aplikatzeko, desobedientzia zibilaren fazeta posible guztietan. Baiki, jada azpimarratu ditugu bizitzetxeen eta lokal publikoen (gaztetxe eta zentro sozialen) okupazio eta sozializaziorako gazteen proposizioak. Orain loturak, konexioak, argumentuak, datuak eta estimuluak proposatzeko unea iritsi da, botere herritarraren eta autodeterminazioaren aktibazio-ildoak dinamizatu ahal izan daitezen, nukleo solido eta gotortuenetatik abiatuta. Eremu oso eta bateratuago batetan inkuadratu behar dira, modurik zuzenenean inplikatuta dauden mugimenduekin batera: etxegabetzeak, delinkuentzia bankarioa, finantzial harrapakatzea (Kutxa), kolektiboen autogestioa, hizkuntza nazionalaren garapena eta abar.

Bestalde, badira hainbat eta hainbat orube ireki, hauek ere beharrezkoak, interes herritarrekoak eta sorkortasun sozialekoak: nekazaritza bezalako sektore produktiboen baitako proposizio radikalak; moneta lokalen garapena (Euskoa); hurbileko kontsumo biologikoaren zirkuituak; eta, era berean, beste zenbait ardatz eta borroka berri. Borroka berri hauek ekologistak, kulturalak eta hezkuntzatikoak dira. Euskal sozietatean noizean behin sortzen dira horrelakoak, indar harrigarriz sortu ere. Era berean, beste orube bat migrazio berrietatik hasita ireki den internazionalismo aktibo eta efektiboa da. Migrazio berri horiek gaur egungo globalizazio plutokratikoaren kontrako borroka planetarioarekin duten harremanean aztertu behar dira.

Beraz, naturala da hau guztia. Dominazioaren ohiko brutalitatearen aurrean, botere herritarra aplikatu dakiekeen gainontzeko arloekin konexioak ezarri behar dira. Autodefentsa eta erantzun formarik sozializatuenei buruz ari gara. Gerren aurka, errepresioaren aurka, kontrol polizialaren aurka edo mertzenariatu informatibo, komunikatibo eta unibertsitarioaren aurka. Horretan xahutu behar ditugu gure energiak eta ez erregimenaren baitako dinamika partizipazionistetan.

Esan nahi baita: borroka instituzionala, eta noizbait ireki ahal izango den prozesu konstituente instituzionala, borroka herritarren perspektibaren azpian kokatu behar dira, botere lokaletik hasita, udalerri mailakotik. Borroka hauek, jakina, faboritu, aktibatu, berraurkitu, inpulsatu egin behar dira. Ez dira ordu batzuetako edo egun batetako manfestazio puntual haunditan enkorsetatu behar, ez-eta propaganda-kanpaina instrumentalizatzaile, elektoral edo zirkunstantzialetan ere.

Eraikuntza nazionala, autodeterminazioa eta boterea garatuko dituen prozesua fronte instituzionalean ere islada eta gara daiteke. Alta, horrelako prozesu baten zentzua botere lokalaren oinarrien gainean aurki daiteke soilik. Beharrezkoa da "dialektika" hori. Dialektika horrek erregimenaren barneko borroka "paraleloa" baldintza eta transforma dezake. Autodeterminazioaren faktu bat gehiago bezala har dezake borroka paralelo hori. Are gehiago, transitorioki, sintetikoagoa eta errepresentatiboagoa bihur dezake. Bederen, baldin-eta hala behar izan lezaketen fase zirkunstantzial determinatu eta ekidinezinak garatuko balira.

EPILOGO LABUR BAT

Euskal Herria sozietate aske baten norabidean eraiki behar dugu. Horretarako, ezinbestekoak dira prozesu autodeterminatuak. Baina, badago sakoneko auzi bat: EBa eta AEBak diren super-estatuek osatzen duten botere zapaltzailea. Prozesu autodeterminatuek radikalki erantzun behar diote auzi honi. Arlo armatu, militar eta polizialean; arlo ekonomiko eta administratiboan; arlo sinboliko eta ideologikoan. Esan nahi baita, ezinbestekoak dira jarraian aipatuko ditugun guztiak: borrokak, mobilizazioak, ekimenak, ekintzak eta botere arrotza arlo eta maila sozial guztietatik expulsatzeko proposizioak, mintzairatik hasita. Hau guztia, noski, itzal platoniko parlamentarioen arloan taktikoki inplementa litekeenaz gain.

Jakina, sakoneko proposizio oso bati buruz ari gara. Irismen luzekoa izan behar du. Bere oinarriak botere lokalean bermatu behar dira, hau baita botererik gertukoena eta demokratikoki kontrolagarriena. Botere lokala da, probableki, demokrazia erreal, zuzen, oso eta iraunkor bat ahalbidetzen duen botere bakarra.

Euskal sozietateak, hau da, Euskal Herri independente baten eratze-proiektuak barnebil lezakeen indibiduo eta kolektiboen multzo osoak, malda harrigarri bat gainditu behar du. Mendetako desintegrazio politikoak eragin du malda hori. Madrilek eta Parisek – eta gure nabar/euskal jauntxo milenarioek, alegia, "burgotargo nazionalak", alegia, Madrilen eta Parisen kolaborazionista interesatuek – denbora asko ukan dute ordezkapen-prozesu posible guztiak eragiteko. Hasteko, sinbolikoak. Gaur egun, zoritxarrez, lurralde honetako egoile askorentzat, barne-muga eta barne-aldaera oso erreal eta oso sinbolikoak existitzen dira. Pertsona hauentzat, beste kultura eta herri batzuengandik batzen eta bereizten gaituztenak baino errealagoak eta sinbolikoagoak dira barne-muga eta barne-aldaera hauek. Adibidez, gaztelarrengandik, okzitaniarrengandik edo andaluziarrengandik bereizten gaituztenak baino errealagoak eta sinbolikoagoak. Alderdi edo ideologia nazionalista "modernoago" eta sozialdemokratago baten eratzea egoera hau luzatzeko bidea besterik ez litzateke.

Fase historiko berri batetan sartzen ari gara. Erresistentzian eta berreraikuntza sozial nazionalean kontraesan haundiak agertzen ari dira. Maila internazionalean ere bai: orain arte isilarazita eta ikusezinduta egon diren ehundaka herri edo nazio, apurka-apurka, esnatzen ari dira. Homogeneizazio kolonial, etnozida eta ekonomiko-kulturalki globalizatzailearen aurka egiten hasi dira.

"Estatua", batez ere nazio-estatua, plutokrazia globalaren espazio eta azpibotere erregional bezala ulertzen da tradizionalki. Estatu mota tradizional hau eskala mundialeko krisi batetan murgildu da. Krisi hau, probableki, hazkorra eta atzeraezina izango da. Estatu-forma bera finantzial boterearen azpian, entrepresa transnazionalen azpian eta elkarlotuta dauden gainontzeko super-instituzio inter-estatalen azpian dago. Beraz, estatu-forma bera ere aldaketa sakonak jasaten ari da. Bai bere funtzioetan eta bai bere funtzionamentuan.

Bitartean, hemen, beste zenbait lekutan bezala, jatorrizko nazioen independentismoa behar bat azaleratzen hasi da, kontraesankorki bada ere: estatuen prozesu konstituente global berri eta desberdin baten beharra. Hala gertatzen ari da Abya

Yala kontinentean ere. Kontinente hau "Amerika latino" izendatzen jarraitzen du neokolonialismo konsziente edo inkonszienteak, bere baitan bostehundik gora nazio bizi diren arren, etnozidio kultural kolonial konstante baten azpian. Gainera, Euskal Herrira itzuliz, mundializazio eta globalizazio prozesu kapitalistaren baitan, orain erdietsi du gure herriak prozesu honekiko integrazio eta inplikazio mailarik aurreratuena.

Arrazoi hauegatik beregatik, independentzia eta autodeterminazio kontzeptuak balio konplexuagoak hartzen ari dira. Era berean, zailagoa da balio hauek borroka politiko eta herritar tradizionalean gauzatzea.

Honegatik guztiagatik, "ADEaren aitortzaren aldeko borrokaren" ardatzak orube determinante hauetan ia aurrerapenik ez dakarkigula ulertu behar dugu. Alderantziz, atzerapenak ekar lekizkiguke. Borroka hori erabilgarria izan daiteke autodeterminazio sozial radikal prozesu baten zenbait fazetatan. Autodeterminazio-prozesu horrek balio etiko, kultural eta sozial berrien expresio izan behar luke. Balio horiek apurka-apurka ari dira sortzen, eremu planetarioko sozietate guztietan.

Nazioa, independentzia, internazionalismoa, estatua: termine hauen esanahi erreal ez-ideologikoak oso modu azkarrean eboluzionatzen ari dira. Batez ere, etika sozial demokratiko eta ekologiko baten ikuspuntutik. Kontzeptu hauek benetan harmonizatu behar dira jatorrizko herrien botere herritar prozesuekin eta autodeterminazio nazional prozesuekin. Horretarako, noski, debatea eta lana egin behar dugu. Debatea eta lana egin behar dugu, normalizazioaren mintzaira subertsiboak sendotu eta konekta daitezen. Normalizazio hori autoritarioa izan daiteke, edo sutilagoa eta sofistikatuagoa. Errealitatearekiko eta interes herritarrekiko gertukoagoak egin behar ditugu kontzeptuak. Beldur edo aurreiritzi dokrinario eta ideologikorik gabe.

XXI. mendeko Euskal Herrian/Nabarroan lan haundi bat dugu egiteke: hitz hauek eta izarbel osoko sakoneko prozesuak bateratzea. Espainia zombie inperial karpetobetoniko bat da, proiektu historikoki frakasatu eta gainditu bat. Gure lurren Iparraldea okupatzen duena, aldiz, potentzia inperial eta kapitalista bezala, degradazio fase hazkor batetan sartu da jada. Horregatik, gure borrokak bi eremu horiez gaindikoa izan behar du: izarbel-mailakoa.

OHARRAK

(1)

Mugimendu radikaletan oso gutxi garatu izan da estatuaren politika eta teoria berri baten gaia. Gai honi buruz, "Nabarroa, estatua eta demokrazia" debate-zirriborroa aipatu nahi dut. Zirriborro hau 2004. urtean argitaratu nuen, estatuaren "tabuari" buruzko eztabaida piztu nahian, estatu-forma "post-kapitalista" posible bati buruzko eztabaida piztu nahian. Gainera, orrialde hauetan modu argian azaltzen den bezala, "euskal estatua" terminea erabiltzeak ez du esan nahi instituzio estatal tradizional baten eratzearekin identifikatzen dugunik independentzia. Euskal (edo nabar) estatuaren kontzeptuaz ari garenean, eratze nazionalaren fase eta aspektu politiko bati buruz ari gara, forma instituzional orokor honen kontraesanetan sartu gabe. Izan ere, estatu nazionalak eta nazio-estatuak rol determinantea hartu baitu askatasun guztien ezeztapenean: ia herrialde guztietan, bere funtzio zentrala botere herritarrarekiko antagonikoa izatea da. Beste alde batetatik, mintzairaren batailaren aspektuetariko bat gogoratu nahi nuke: zenbait termineren lehen hizkia maiuskulaz idaztera behartzen gaituzten arauekiko intsumisioarena. Adibidez: polizia, barne-ministerioa, eskola publikoa, bere saindutasun Erromako apezpikua, eta "estatua", noski. Baina, estatua gauza bat edo fenomeno bat da, hurakan bat bezala, edo boterea bezala... eta, beraz, hobe edo zuzenago idazten da hizki minuskuluz. Orduan, "frantziar estatua" edo "palestiniar estatua" idatziko dugu, ez baitute merezi izen proprioei (Kossovo, Iruinea, FMI) ematen zaien traktamentu bera, eta are gutxiago errespetu bera. Gustu kontua izango da, eta agian borroka kulturalaren baitako auzi bat ere bai.


(2)

"Eraikuntza nazionalaren" kontzeptua 90eko hamarraldiaren amaieratik aurrera hedatu zen mediatikoki Euskal Herrian. Ordutik, oso inpugnatua izan da eta hala izaten jarraitzen du. Kontzeptua 1993an kontzebitu zen, Eguzki antolakundearen Etorkizuneko Giza Akordiorako lehen debate-zirriborroaren idazte-prozesuan. Zirriborro honetan mugimendu sozialen arteko "etorkizunerako itun sozial" haundi bat proposatzen zen. Une horretan, kontzeptua jaio zen kontextu sozialean, bere helburua nahiko argia zen:

- "Eraikuntzaren" kontzeptuaren bidez, estatuaren eta euskal oligarkiaren eraso mediatiko gogorrari aurka egingo zion semantika bat eskaini nahi zen. Izan ere, mugimendu sozialei egozten baitzieten "Euzkadiren eta Espainiaren arteko elkarbizitza eta normalizazioaren suntsipen biolentoaren" ardura.

- Sozietate hau bi estaturen artean zatituta dago, eta, gainera, egitura administratibo, polizial, militar tipo desberdinen artean. Egoera horretan, batasunaren eta behetik gorako eraikuntzaren berreskuratze sinboliko, kultural eta soziala berrindartu nahi zen.

- Ekologiaren arlotik, borroka linguistiko eta kulturalaren aspektu berreraikitzailea balorizatu nahi zen, gure herriaren espainiartzearen eta frantziartzearen aurrean makurtu ez zen euskaldunen %15-20 horretatik abiatuta.

- Euskal ekologismo "nazionalak" sustatutako aliantza sozial herritarren aspektu dinamizatzaile eta politikoki inpulsatzailea berrindartu nahi zen, talde ekologista nazionalista espainiarren presio indartsuak existitzen baitziren. Talde hauek borroka soziala eta langile-borroka ekologismoarekin eta euskal perspektiba kulturalarekin batzearen aurkakoak ziren.

- Ekologismoak herriaren "eraikuntzarako" prozesu sozial aktiboen inpulsatzaile bezala zuen rola prestigiatu nahi zen. Izan ere, Eguzki antolakundeari eta gainontzeko euskal ekologistei progresu sozial eta ekonomikoa balaztatzea egozten zieten sektore proprietario dominanteek, hain justu beraiek zirenean Euskal Herriaren suntsipen ekologiko eta landagunetikoa modu balaztagabean sustatzen zutenak.

(3)

Azpimarragarriak liratekeen beste hainbatekin batera, ikus Fernando Reinlein-ek "Diario 16" egunkarian 1995·06·16 egunean idatzitako artikulu argigarria (urte bereko uztaileko GAL talde terroristaren klimax harrigarriaren aurretik). Artikulu horretan GAL-entzako eta ETA-rentzako "amaiera-lege" baten beharraz idazten da, espainiar estatuaren perspektibatik. Beti ere, Euskadiren "baketzea" ikusmiran, "benetako estatu-politika" bat aldarrikatuz, bakoitzak bere buruaren alde egitea saihesteko, egoera hori arriskutsuki gerturatzen zela baitzirudien, estatuaren eskandalu-serie larri baten ondorioz. Eskandalu hauek GAL talde terroristarekin eta Espainia/Euskal Herria gatazkarekin lotuta zeuden.

Espainiar *intelligentsia*-k estatuaren auziaz duen pertzepzioaren erakusgarri oso inportante bat eskaini zuten gertaera haiek. Edozein kasutan, egoera berbideratzea lortu zuten (eta probableki onura erdietsi ere bai), "alternantzia parlamentarioaren" eta espainiar bipartitismoaren kontsolidazioaren bidez. Zehazki, *Partido Popular* alderdi neofaszistarekin. Ordutik denbora gutxira, Madrileko gobernura iritsi zen alderdi hau, "Ansar"-ekin. PSOE alderdiaren desprestigiatze larriari esker gertatu zen hori. Desprestigiatze horren arrazoiak hauek izan ziren: alde batetatik, estatu-terrorismoaren erahilketak, eta, beste aldetik, GAL-en erreserba- fondoen eraginez alderdi horretan eta erregimenean hedatu zen korrupzio haundia.

"GAL efektu" bat gertatu zen. Beranduago, 2005ean – ia istripuz – Zapatero Espainiako gobernuan entronatu zen. Ordutik, presidente horrek Espainia apur bat modernizatu ahal izan zuen eta azpiratutako nazioak modu apur bat sutilagoan barnebiltzen saiatu zen. Hau guztia "GAL efektuaren" ondorio izan zen. Estatu-terrorismoaren "akats" horrek, eta, batez ere, eragin zuen eskandalu erraldoiak, PSOE alderdiaren baitako sektore nazionalista (espainiar) gaizkile eta muturrekoenak ahuldu zituen. Guerra, González, Bono, Chávez eta enparauak. Horrela, sozialdemokrazian hain ohikoa den izaera erreformista berragertu ahal izan zen. Guri dagokigun auzian, gainera, itxura federalista klasiko eta ezaguna erakutsi zuen Zapatero-k.


(4)

Dimentsio informazional baten agerpena gertatu da. Dimentsio hori gainontzeko multzo energetikoaren gainetik dago, giza-unibertsoaren gainetik, unibertsoko bizitzaren oinarri espazio-tenporal elementalen gainetik. Dimentsio informazional horren agerpena "materialtasunaren" esanahiaren gainditzapena eragiten ari da. Orain gutxi arte, exklusiboki fisikoa zen masari baino ez zitzaion aplikatzen definizio hori. Alegia, konkrezio bolumetrikoa zuenari, gure irismen numerikoaren bidez neurgarria zenari. Alta, gaur egun, internetaren erabileraren hedapenaz gero, edo "Higgs-en bosonaren" inpaktu entzutetsuaz gero, materialtasunak gero eta errealitate gehiago hartzen ditu bere baitan. Horien artean, iraganean immaterial edo birtual izendatzen genituenak ere bai.


(5)

José Antonio Obieta Chalbaud-ek bere "El derecho humano de la autodeterminación de los pueblos" idazkian (Editorial Tecnos, 1985, Madril) proposatzen dituen lau kategoriak erabiliko ditugu hemen. Ikus aurrerago ere, 3.8 puntutik aurrera.


(6)

Kontzeptu hauei buruz eta teoria honen garapen kritikorako lehen saiakerari buruzko adibide bezala, ikus "Desarrollo de la democracia" idazkiaren lehen puntua. Idazki hau HBaren "Ezkerra Iraulka" Symposium-ean aurkeztu nuen, 1993an, Getxon.


(7)

Euskal ekologistok "garapen integrala" edo "ekosistemaren garapen demokratikoa" izendatzen dugun hori da "giza-dibertsitatearen biosistema" (EGA, Eguzki, 1993). 2. oharrean aipatu bezala, ez dezagun ahantz ezen, "Etorkizuneko Giza Akordioa" izeneko idazki txiki horrekin, *Eguzki* kolektibo sozialak "eraikuntza nazionalaren" ideia lehen aldiz plazaratu zuela Euskal Herrian. Era berean, "demokrazia" terminearen berreskuratze herritarraren gai guztia ireki zuen, oso modu jakintsuan. Lan sozialerako bi ardatz original abiatu ziren orduan – eraikuntza nazionala eta demokrazia – eta, beranduago, hurrengo urteetan, ezker independentistak ere bere egin zituen bi ardatz horiek. Era berean, 1998ko su-etenaren eta Lizarra-Garaziko akordioaren garaian, burgotar nazionalismoak ere bere egin zituen bi ardatzak, neurri batetan bederen.

(8)

Orain gutxiko ideia kritiko bati jarraiki, batzuetan "intsumisio" terminea erabiliko dugu "ezkerra" terminea erabili beharrean.


(9)

Ia beti, alderdikraziarekin erlazionatutako arau demokratiko askok – adibidez, erregimen parlamentarioaren zutabe nagusi diren alderdiek, beren aldakuntza guztietan, ezkertiar nahiz eskuindiar – eusten duten erregimena bera baino autokratikoagoa eta antidemokratikoagoa den egitura eta funtzionamentua izan ohi dute beren baitan.


(10)

Mugimendu sozial nazionalen dinamikatik sortutako kontraesan linguistiko potenteak, gure herrian bederen, erregimenaren desbideratze erreformistak desinfektatzea lortu du. Desbideratze hauek oso egonkortuta zeuden institutu eta unibertsitate kolonialetan. Honen adibide bat erakusten du jarraian aipatuko dugun plutokraziari buruzko artikuluak. Artikulu honek "plutokrazia" terminea berreskuratu du eremu hispanofonoan, ez baitzen erabiltzen aspaldian. Era berean, *ohorezko beso* mingarri bat eman die erregimen autokratiko burgotarreko ilusio "partizipazionista" askori; hala akademikoei, nola kontra-insurgentei edo-eta "ezkertiar" erreformistei.

http://old.kaosenlared.net/noticia/plutocracia-participativa


(11)

Autodeterminazioa "ukan" ala autodeterminatua "izan"?


(12)

Garai honetan, izarbel-mailako fenomeno migratorio hazkorrak bizitzen ari garen arren, oso zaila izango da eboluzio sozialak kolektibitate nazional tipo berri baten sorrera ekartzea. Edonola ere, indarraren bidez antolatu eta inposatu diren eratze "nazionalak" ez lirateke inola ere homologatu behar. Adibidez, Israel-eko estatu sionista. Edozein kasutan, "eratze nazional" prozesu berriak onartu behar balira, ez lirateke mekanikoki homologatu behar, guztiak ez baitira egiazko autoberrezagutza nazional mugimenduak. Hala ere, tipo honetako mugimenduak areagotzen ari dira kontinente guztietan.

(13)

"Politika" terminearen erabilera ere faktore inportante bat da borroka kulturalean. Erregimen parlamentarioaren lorpenetako bat ondorengo fenomenoen balio politiko erreala desjabetzea izan da: borroka herritarrena, erresistentzia eta insurgentzia herritarrarena – biolentoa nahiz pazifikoa izan – eta gainontzeko erresistentzia-fenomeno eta ekimen antolatu edo espontaneo guztiena. Bistan da, koherentzia semantikoa eta ebidentzia sozial eta materiala kontuan izanik, justu alderantzizkoa da errealitatea. Sozietatearen garapen demokratiko erreal baterantzko prozesuen artean, erregimenaren, instituzioen eta alderdikraziaren barnekoak dira politikotasun gutxien dutenak. "Polis"-eko prozesuak baino, "bureau"-ko prozesuak dira.


(14)

Euskal Herriaren kasuan, batez ere Hegoaldean, "tortura sistematiko" baten existentziaz hitz egin ohi da. Urtero, ehundaka atxilotu politiko gatibatzen dituzte polizia inperial eta kolonial desberdinek. Ez dute guztiek erregularki torturarik jasaten, baina "tratu txarrak", oso frekuenteak eta basatiak edozein kasutan, oso maiz eta kontundenteki aplikatzen dira. Epaileen, politikarien, kazetarien eta exekutore materialen artean inteligenteki administratzen den sistema bat da. Horrela, aktibitate "politiko" independentistatan konprometituta dagoen ezein pertsonak badaki probabilitate haundia duela bere aktibitatearen ordaina jasotzeko. Lehenago edo beranduago.

Hain zuzen ere, duela hamarraldi askotatik, estatu-terrorismoa oso hedatua eta omnipresentea da Euskal Herri osoan. Ez du etenik izan gerra frankistaz eta iragan mendeko 30-40 urteetako "gorrien" eta "separatisten" masakre masiboez gero. Beranduago, "trantsizioaren" efektupean, beste terrorismo maila "ez-hain-basati" eta "ez-hain-masibo" bat garatu dute unean uneko espainiar gobernuek, PSOE alderdikoek barne. Modu horretan, gure herriko herritargo ez-espainiartuak aktibitate politiko kritiko eta konprometituarekiko beldur kroniko haundi eta iraunkor bat barneratu du.

Hain zuzen ere, 70eko hamarraldiko fazada aldaketatik, euskaldun torturatuen kuantitate ikaragarri bat metatu dute espainiarrek. Gutxienez 10,000 lagun torturatu dituzte tormentuaren aplikaziorako beren dependentzietan. Gaiari buruzko jarraipena egin duten organismo nazionalei esker, experientzia dokumentatuak daude, xehetasun guztiekin.


(15)

"Espainiaren batasun Sakrosantua" entelekia bat da. Entelekia hori mantentzeko helburuz, espainiar erregimena, bere estatu politiketan, beti dago gertu eta prest "irtenbide" militar irekiak abiarazteko, bai-eta praktikoki iraunkorra den salbuespen-egoera bat abiarazteko ere. Irtenbide horrek edozein forma har dezake eta gobernuan edozein alderdi egon daiteke: PSOE alderdia eta bere ZEN Plana, GAL talde terrorista eta konfrontazio zibil bat antolatzeko mehatxuak; edo PP alderdia eta Euskal Herria balkanizatzeko eta Karadžić-en estiloko terrorismo masibo bat aplikatzeko bere mehatxu explizituak. Horrela adiarazi zuten 1998tik aurrerako eldarnio zentralistan, Aznar-en garaian egindako hainbat adiarazpen publikotan.

Edozein kasutan, gaztelar erregimenak iraunkorki exekutatzen ditu "kontra-guerrilla" maniobrak Euskal Herrian. Periodikoki okupatzen ditu herri eta bailarak. Era berean, "ordena publikoko arazoak" dituzten Europako beste eskualde batzuen aldean, gure herrian boskoitzak dira polizia inperial eta kolonial desberdinek burutzen dituzten kontrolak eta intimidazio zibil operazioak. Herri honetan dagoen polizia eta militarren proportzioa EBean dagoena baino hamar bider haundiagoa da.

(16)

Mintzairaren borrokari buruzko diskurtsoa apur bat gehiago zabaltze aldera, idazki batetako bi fragmenturen aipuak ekarriko ditugu hona. Idazkia hau da: "UNA PRAXIS PARA UNA REVOLUCIÓN DEMOCRÁTICA". Etorkizuneko Giza Akordioari buruz *Eguzki* kolektibo sozialak antolatu zuen lehen topaketarako aurkeztu nuen idazkia da (1994·11·07, Gasteizko EHUan).

Lehen aipua "Ekosistemaren garapen demokratikoa" izeneko bigarren puntutik hartua da:

*Bigarrenik, garapen-prozesuen kritika demokratikoaren beharra azpimarratu behar da. Erregimen parlamentarioak bere buruari "demokrazia" izena eman dio eta "demokrazia" terminea prostituitu du. Alta, termine hau berreskuratu egin behar dugu. Demokraziak kategoria poltiko berezi bat izaten jarraitu behar luke, tradizionala baina era berean etorkizunerako beti berreskuragarria. Horretarako, erregimen parlamentarioaren experientzia patologikotik deskontaminatu behar dugu.*

*Ekosistemari aplikatutako demokrazia EGAak aldarrikatzen duen ikuspuntu ekodinamiko bat da. Bere esanahia hau da: ekosistema planetarioan agertzen diren faktore, aspektu, fenomeno eta kontraesan guztien artean botere-harreman natural eta herritarrak ezartzea edo berrezartzea. Botere-harreman horiek botere-forma bertikal, ideologiko eta autoritario guztiak baino indartsuagoak izan behar dute. Botere-forma bertikal, ideologiko eta autoritarioen oinarriak hauek dira: ideologiak, alderdiak, zuzenbide positiboa, erligioa, militarismoa eta gutxiengo hegemonikoen interes partikular eta ekonomikoa.*

Bigarren aipua "Demokrazia eta erregimen parlamentarioa" izeneko hirugarren puntutik hartua da:

*Ekosistemaren demokratizazio prozesu bati begira, erregimen parlamentarioa fase azpigaratu eta obsoletu bat da. Sistema soziopolitiko hau esentzialki antidemokratikoa da, kultura dominanteak erreproduzitzen dituen itxurakeriak gorabehera. Erregimen honek oinarrizko kontraesan azpietzan bat du: zuzenbidearen eta boterearen arteko antagonismoa. Kontraesan hau zentzu erreakzionario batean soluzionatzen da beti. "Zuzenbide positiboaren" aspektua lehenesten da beti. Zuzenbide positiboaren aspektu hau aspektu teoriko eta ideologiko bat da. Zuzenbide positiboa herriaren "botereari" gainjartzen zaio. Alta, herriaren botere horrek izan behar luke, hain zuzen, demokrazia kontzeptuaren oinarri.*

*Demokrazia herri baten botere osoaren garapena da. Ezin du besterik izan. Demokrazia ez da zuzenbide-estatua, nahiz-eta tinta tonak eta tonak erabili diren kontraesan hori azpiratu eta ideia horren aurkako teorizazioak destilatzeko. Rousseau-ren garaitik hona, hala egin izan dute zuzenbideari buruzko teorialari eta filosofo guztiek. Bai-eta erregimenaren idazkarien infinitate batek ere. Hauen guztien teorizazioek ekuazio alkemista beldurgarri bat sustatu nahi izan dute: "erregimen parlamentarioa = demokrazia".*

*Iruzur hau azal daiteke. Merkatu bidezko sistemak kontsolidazio beharra du. Sistema hori kasta ekonomiko batek gidatzen du, eta, bere garapena mantendu ahal izateko, kasta horren botere eta jabetzak ezin dira eztabaidatu. Kapitalismoaren historia da. Hainbestean da horrela ezen "botere" terminearen zentzua erabat deformatu baitugu. "Demokrazia", "jabetza", "zuzenbide", "askatasun" edo "etika" bezalako termineak bezala. Energien eta prozesu sozialen konkrezio eta manifestazio bertikal batetara murriztu dugu boterearen esanahia, sozietatearen egitura piramidalaren osagai "normal" batetara. Alta, boterea norabide horizontalean existitzen da, eta horrela zabaldu behar litzateke naturalki. Kontraesan sozial guztietan, giza-energia guztiak askatuz edo kontzentratuz. Beti, oprimitzen dituen dominazio bertikalaren aurka.*

# AMAIERA-OHARRA, 2006. URTEKO CHANAVAYITA-KO TOPAKETAREN KARIETARA

Abian diren topaketa eta konexio internazionaletan, lan-ildo internazionalista bezala har litezke autodeterminazio sozialaren eta autodeterminazio nazionalaren kontzeptuak, eta, era berean, botere lokalaren eta prozesu konstituentearen kontzeptuak.

Gure espezieak eta bere zibilizazio globalak zenbait arazori aurre egin behar diote. Horietako zenbait benetan tragikoak eta proportzio erraldoikoak dira. Egoera horretan, oinarritik eta lokalitatetik hasi behar dugu kontzientzia politikoa berreskuratzeko bidea. Gizadiaren garapen demokratikoaren uhal teoriko-praktikoak berreskuratu behar ditugu. Hori da botere herritarraren, demokraziaren, autodeterminazioaren edo autogestio biorregionalaren substantzia. Botere hauek izarbela dominatzen duten botere kriminal, bertikal, autoritario, patriarkal, militarista eta ekonomizisten aurka erabili behar ditugu.

Posiblea da, etika honetatik abiatuz, herri guztien arteko kolaborazio mundial baten bide, ideia eta lan-ildoa benetan ireki ahal izatea. Bide horren hasieran herri guztien arteko konexio mundial iraunkor baten beharra dago. Noski, lan hori guztiok ezagutzen ditugun instituzioetatik at egin behar da, instituzio horiek gutxiengo kriminalek kontrolatzen baitituzte gaur egun. Horrela baino ez gara iritsiko kolaborazio edo kooperazio baldintza batzuetara. Baldintza horietara iristen garenean, egoerarik larrienak hobetzen hasiko dira. Baldintza horietara iristen garenean, kolektibitate lokaletako demokrazia errealaren eremu existenteak kontsolidatuko dira. Baldintza horietara iristen garenean, kultura eta ekosistema bakoitzarekiko errespetu internazionala garatuko da.

www.ingramcontent.com/pod-product-compliance
Lightning Source LLC
Chambersburg PA
CBHW072252170526
45158CB00003BA/1062